Parc Saint-Joseph - BP 3522 - 12035 Rodez cedex 9
Tél. : 05 65 77 73 70 – Fax : 05 65 77 73 71
Site : www.lerouergue.com – e-mail : info@lerouergue.com

**Alain Baraton**

# 1000 questions
# 1000 réponses

ÉDITIONS DU ROUERGUE

# Sommaire



L'index détaillé situé en fin d'ouvrage répertorie par thème et par mots-clés l'ensemble des questions du livre.

# 1 Les plantes d'intérieur

**1 - Pour faire briller le feuillage de mes plantes vertes, j'utilise des produits lustrants. Est-ce sans danger ?**

Mal ou trop employés, les produits vendus en bombe aérosol pour lustrer le feuillage peuvent occasionner des brûlures. Pour dépoussiérer les feuilles et les faire briller, il suffit d'utiliser un coton imbibé de bière ou imprégné de savon noir.

**2 - Quelles plantes vertes puis-je installer dans un salon peu éclairé ?**

Les plantes ont toutes besoin de lumière. Certaines tolèrent les situations sombres mais sans excès, comme la misère *(Tradescantia spp.)*, une jolie plante aux belles feuilles parfois striées de blanc. Elle demande peu de soins, se bouture facilement et peut atteindre 60 à 80 cm de long.

**3 - Les engrais liquides sont-ils conseillés pour les plantes vertes ?**

Les plantes en pot ne bénéficient pas du même confort que lorsqu'elles vivent dans leur milieu naturel. Les racines ne peuvent puiser en profondeur les éléments nutritifs indispensables à la croissance et les plantes profitent rarement dans votre appartement du même ombrage et de la même hygrométrie atmosphérique. Il convient donc de les cultiver dans des terres riches et de pourvoir aux carences, lorsque les besoins se font ressentir, par l'utilisation d'engrais liquides ou en granulés.

**4 - Dès que je secoue les branches de mes plantes vertes, des milliers de moucherons s'envolent. Ces insectes sont-ils nuisibles à la santé de mes plantes ?**

Ces minuscules insectes sont des aleurodes. Ils se nourrissent de la sève et peuvent nuire à la santé de la plante. Il convient de s'en débarrasser. La méthode la plus simple consiste à se procurer dans le commerce du papier tue-mouches. Installé hors de portée des enfants, sa couleur jaune attire les petits insectes qui s'y collent puis meurent. Il est également bon d'arroser le dessous des feuilles mais attention, certaines plantes détestent recevoir de l'eau sur le feuillage. Lorsque c'est possible, installez vos végétaux à l'extérieur si le temps le permet. Cette sortie réduira l'infestation.

**5 - J'ai découvert en rempotant mon ficus une larve d'insecte. De quel insecte s'agit-il ?**

Il est impossible de répondre à cette question sans plus de détails mais cette présence n'est pas souhaitable. Cette larve est peut-être celle d'un otiorhynque, un insecte nocturne dont les larves se nourrissent des racines. Détruisez sans tarder cette larve. En été, observez à la tombée du soir si les adultes sont visibles et débarrassez-vous en à la main. Les otiorhynques affaiblissent les plantes qu'ils colonisent. Si l'infestation est importante, la plante peut en mourir.

**6 - Les feuilles de mes plantes sont recouvertes de « neige ». Que faire ?**

Observez bien vos plantes et vous constaterez qu'elles sont envahies de cochenilles dites « farineuses ». Celles-ci ressemblent à des petits boucliers plaqués sur la tige et les feuilles. Les petits amas blancs semblables à de la neige sont sécrétés par l'insecte. Les plantes colonisées sont affaiblies par les cochenilles et il est impératif de s'en débarrasser. La méthode la plus simple consiste à détacher l'intrus à l'aide d'un bâtonnet. Il est aussi possible de frotter le feuillage avec de la bière ou du savon noir. Il existe enfin dans le commerce des aérosols efficaces contre les cochenilles mais leur emploi n'est pas sans danger pour l'environnement.

**7 - À quoi servent les billes d'argile expansée que l'on trouve dans toutes les jardineries ?**

Les billes d'argile expansée sont mises en place au fond du pot pour drainer la terre. Cette disposition évite à l'eau de stagner et limite les risques de pourriture des racines. L'argile expansée est aussi utilisée en surfaçage. Elle masque la terre, limite l'évaporation de l'eau et permet à la terre de conserver son humidité.

**8 - Faut-il souvent arroser les plantes ?**

Les plantes n'ont pas toutes les mêmes besoins en eau. Les cactées s'arrosent peu et les papyrus adorent les terres humides. En règle générale, il est bon d'arroser la terre deux fois par semaine au printemps, une fois en été et de réduire à un arrosage tous les quinze jours en automne et en hiver excepté dans les appartements chauffés à 20 °C, où un arrosage par semaine sera maintenu.

**9 - À mon retour de vacances, j'ai retrouvé mes plantes vivantes en piteux état. Faut-il leur mettre de l'engrais ?**

Vos plantes ont soif et il est urgent de les arroser. Mais il faut savoir qu'il ne faut jamais donner des engrais à des plantes assoiffées. Elles n'y survivraient pas. Dès que le végétal a retrouvé sa beauté et présente un feuillage sain, reprenez les arrosages à l'engrais mais en réduisant les quantités si l'automne approche ou si la plante est en fin de floraison.

**10 - Est-il vraiment déconseillé de laisser une soucoupe d'eau sous le pot ?**

Absolument pas. Cette méthode d'arrosage est même recommandée pour les plantes aux feuilles sensibles. À terme, l'eau stagnante risque néanmoins de favoriser la pourriture des racines. Il est donc important de supprimer l'eau de la soucoupe après 48 h et de renouveler cette technique chaque semaine.

**11 - Peut-on arroser avec l'eau du robinet ?**

Il est possible d'utiliser l'eau du robinet à condition qu'elle ne soit pas calcaire. Il faut également prendre soin de distribuer une eau pas trop froide pour éviter un traumatisme des racines qui pourrait nuire à la croissance de la plante. L'idéal est, lorsque c'est possible, de sortir les plantes vertes à l'extérieur et de laisser l'eau de pluie les mouiller. Cette sortie est à proscrire pour les plantes aux feuilles duveteuses et déconseillée aux plantes en fleurs.

**12 - Les bacs à réserve d'eau sont-ils vraiment bons pour les plantes ?**

Oui et non. Ils garantissent à la plante une réserve d'eau utile lorsque l'on doit s'absenter plusieurs jours. Il existe néanmoins un risque de pourriture des racines. Pour pallier cet inconvénient, il convient d'attendre que la réserve soit totalement vide avant de la remplir.

**13 - À quoi servent les petites billes blanches visibles dans les**

**terreaux du commerce ou dans la terre des orchidées ?**

Ces billes sont en polystyrène. Elles allègent les terres et facilitent dans le sol la circulation de l'eau. Pour la culture des orchidées, elles permettent une meilleure oxygénation de la terre, indispensable aux plantes épiphytes.

### 14 - Qu'appelle-t-on une plante épiphyte ?

C'est un végétal qui se développe sur une autre végétal mais sans lui porter préjudice.
L'orchidée est une plante épiphyte et le gui une plante parasite.

### 15 - J'ai souvent observé dans le terreau que j'achète la présence de petites billes jaunes. À quoi servent-elles ?

Les terreaux du commerce sont parfois de médiocre qualité. Ils sont constitués de déchets végétaux de toutes provenances, parfois même de copeaux de bois. Ces petites billes sont des engrais à diffusion lente qui donneront à votre terreau les qualités qu'il ne possède pas naturellement.

### 16 - Qu'appelle-t-on « grains d'eau » ?

Les grains d'eau, souvent commercialisés sous le nom de « gains d'eau », sont en fait des rétenteurs d'eau. Ces grains absorbent l'eau en grosse quantité, jusqu'à dix fois leur propre volume. Ils restituent ensuite l'eau dans le sol. Ils offrent l'avantage d'alimenter les pots fleuris en votre absence et de stocker dans la terre de votre jardin l'eau de pluie pour la redistribuer en petites quantités chaque jour.

### 17 - Ma plante verte semble à l'étroit, ses racines passent par le trou du dessous. Faut-il les couper ?

Cette apparition de racines atteste que la plante est à l'étroit dans son pot. Il est temps de la rempoter dans un pot un peu plus large. Lors du rempotage, les racines apparentes seront sectionnées. Comme pour un arbre, il faut toujours arroser après ce qu'il est possible d'appeler une transplantation.

### 18 - Les pots en plastique sont-ils de même qualité que les pots en terre ?

De gros efforts ont permis d'améliorer l'esthétisme des pots en plastique. Mais ils n'offrent pas les mêmes avantages que les terres cuites. La granulométrie des poteries traditionnelles laisse circuler l'air et fournit aux racines l'oxygène nécessaire. De plus, les terres cuites conservent l'humidité de la terre plus longtemps.

### 19 - Peut-on rempoter les plantes vertes et fleuries toute l'année ?

La meilleure période pour le rempotage se situe à la fin de l'hiver et au début du printemps, même s'il est possible d'exécuter cette tâche tout au long de l'année. Pour les plantes fleuries, cette opération est à proscrire lorsque les boutons sont avancés et que les fleurs sont épanouies. La non-observation de cette règle entraîne la chute des fleurs et affaiblit le végétal.

### 20 - J'observe depuis peu comme une moisissure sur le feuillage de mes plantes vertes. Que faire ?

Vos plantes sont victimes de champignons. Au premier stade, les feuilles sont recouvertes d'une fine pellicule grisâtre. Elles pourrissent puis les champignons s'installent sur les tiges. À court terme, la plante peut mourir. Le champignon responsable est le botrytis. Pour éviter son apparition et sa propagation, évitez de mouiller le feuillage lorsque vous arrosez et réduisez l'eau en hiver. Une fois la plante contaminée, il est trop tard pour traiter et il convient sans attendre de vous débarrasser du sujet malade pour éviter la propagation cryptogamique aux autres plantes.

### 21 - Doit-on rempoter ses plantes chaque année ?

Une plante s'observe. Si elle est belle, produit des tiges rigides et un feuillage sain, la plante ne souffre de rien et il est inutile de lui causer un stress. Une plante est rempotée lorsque les racines tentent de s'extraire du pot ou si le pot plastique se gonfle sous la pression de ces mêmes racines. En règle générale, un rempotage tous les trois ans suffit à la majorité des plantes.

### 22 - Peut-on semer des fougères ?

Les fougères produisent au revers de leur feuillage des spores. Lorsqu'elles sont à maturité et commencent à se détacher en fine poussière, récupérez-les sur une feuille et semez-les en surface dans un pot rempli de terreau. Ne tassez pas et arrosez délicatement. Conservez le pot dans une pièce où la température avoisine en permanence les 20 °C. Lorsque la jeune fougère atteindra 4 ou 5 cm, il vous sera possible de la planter.

### 23 - Que faut-il faire pour conserver plusieurs années un abutilon ?

L'abutilon est une plante de culture simple. Il suffit de la rempoter tous les ans dans une terre riche et de tailler à l'automne les tiges à une quinzaine de centimètres. Il est judicieux d'installer l'abutilon sur le balcon ou dans le jardin de mai à septembre. Il sera ensuite placé dans une pièce fraîche et lumineuse.

### 24 - Quel est le vrai nom de la plante appelée « queue-de-renard » et comment la conserver plusieurs années ?

La « queue-de-renard » ou « queue-de-chat » est en réalité un *Acalypha hispida*. Cette plante produit tout l'été de longs chatons rouges et pendants. Elle ne se conserve que peu de temps, une année, parfois deux mais rarement plus.

### 25 - Mon aechmea a fleuri magnifiquement. Comment le

**conserver pour qu'il refleurisse l'été prochain ?**

Cette plante aux larges feuilles et à la fleur qui rappelle celle de l'ananas meurt après la floraison. La seule solution pour en profiter l'année suivante est de récupérer les rejets et de les replanter.

**26 - Faut-il souvent arroser l'aechmea ?**

Cette plante produit peu de racines. Il est bon de vaporiser régulièrement le feuillage et d'arroser le cœur de la plante, lui permettant ainsi de stocker l'eau dans ses tiges. Elle résistera davantage aux longues périodes de sécheresse. En automne et en hiver, il est conseillé d'arroser la terre avec modération.

**27 - Mon amaryllis vient de fleurir. Faut-il couper la tige florale ?**

Après la floraison, il est bon de couper la tige florale mais il faut veiller à laisser se développer le feuillage. Lorsque celui-ci sera totalement sec, coupez-le et cessez d'arroser la plante. Cette méthode permettra à votre amaryllis de refleurir l'année suivante. Mais il est bon de préciser que la floraison ne sera pas de même qualité.

**28 - Est-il possible d'obtenir un pied d'ananas à partir d'un fruit acheté dans le commerce ?**

Il vous suffit de le bouturer. Détachez avec un couteau tranchant le groupe de feuilles situées au sommet du fruit. Plantez cette « couronne » dans un pot de tourbe et de sable. Arrosez. Disposez le pot sous une cloche. Après quelques semaines, vous obtiendrez un plant d'ananas qu'il vous sera possible de conserver quelques années mais, ne vous leurrez pas, il ne fructifiera pas dans votre intérieur.

**29 - Que faire pour que mon anthurium refleurisse l'an prochain ?**

L'anthurium est une plante originaire d'Amérique tropicale. Sa culture est simple. Il réclame une luminosité maximale pendant sa floraison mais il est bon de le préserver du soleil direct en été. Attention à ne pas l'arroser avec de l'eau calcaire. Cessez tout apport d'engrais en automne et en hiver puis rempotez au printemps si nécessaire.

**30 - Les feuilles de mon asplénium noircissent sur le contour. Que faire ?**

Votre fougère souffre du froid. Si elle est disposée dans votre appartement, éloignez-la de la fenêtre. Il est fort probable qu'un air froid caresse son feuillage et soit la cause des taches noires.

**31 - Ma fille a planté un noyau d'avocat dans un pot. Peut-elle espérer obtenir un arbuste ?**

Il est tout à fait possible de planter un noyau d'avocat pour le faire germer. Il devra être placé dans une terre humide en permanence et dans un lieu lumineux et chaud (20 °C). Lorsqu'une belle tige se sera développée, coupez-la aux deux tiers de sa longueur. Ce pincement provoquera le départ de petites branches.

### 32 - Mon avocat fleurira-t-il un jour ?

Après plusieurs années de culture, il est possible de voir fleurir son avocat. Mais l'avocat ne peut se reproduire seul. Il a besoin de la proximité d'autres avocats. Cette fleur ne donnera pas de fruit et même s'il est cultivé avec d'autres pieds, le climat français ne permet pas à notre plante de fructifier, sauf si l'on a le bonheur de vivre dans les régions les plus ensoleillées de la Côte d'Azur.

### 33 - J'ai reçu dans une composition florale un pied d'azalée. Est-il possible de le planter dans le jardin ?

Il est possible de planter une azalée dans le jardin à la condition qu'elle soit installée dans de la terre de bruyère, en situation lumineuse mais protégée des rayons du soleil de midi. La réussite d'une telle transplantation est aléatoire et les résultats sont souvent décevants.

### 34 - Mon azalée fleurit abondamment puis dépérit rapidement? Est-ce normal ?

L'azalée supporte difficilement les températures des appartements en hiver. Il est conseillé de l'installer dans la pièce la plus froide ou à défaut de la sortir lorsque les températures extérieures l'autorisent. La température moyenne pour conserver longtemps les azalées est de 12-15 °C.

### 35 - Faut-il souvent arroser les bégonias tubéreux ?

Ce bégonia redoute l'excès d'eau. Faites-le légèrement souffrir et attendez que la terre soit sèche pour l'arroser. Il n'en fleurira que mieux.

### 36 - Mon bégonia rex perd une grande partie de son feuillage. Va-t-il mourir ?

Il est tout à fait normal que votre bégonia se sépare d'une partie de son feuillage en automne et en hiver. De nouvelles feuilles apparaîtront au printemps. Mais cette chute annonce le vieillissement de la plante qui perdra son éclat dans les deux ou trois années à venir.

### 37 - Comment faire refleurir un billbergia ?

Le billbergia est une belle plante d'intérieur. Elle fait de longues feuilles fines, coriaces et retombantes. Elle fleurit le plus souvent rouge ou rose. Il faut à cette plante beaucoup de lumière mais pas de soleil direct. Si vous mettez de l'engrais, ne le faites qu'au printemps et en été. Vaporisez tous les jours le feuillage avec une eau non calcaire. Dès l'arrivée des beaux jours, installez votre billbergia sur le balcon ou dans le jardin en situation très éclairée mais protégée des rayons du soleil.

**38 - J'ai un baobab en pot. Il est envahi d'araignées. Existe-t-il un insecticide efficace ?**

Les baobabs en pot sont rares et leur espérance de vie sous nos climats est très limitée.

Les araignées ne sont pas des insectes mais des arachnides. Il convient donc d'utiliser un acaricide. Mais un passage du revers des feuilles et du tronc sous l'eau suffit souvent à éliminer les petites bêtes.

**39 - J'ai laissé pousser mon bonsaï. Dois-je le rabattre ?**

Savoir entretenir un bonsaï est un art et il convient de posséder de solides notions avant d'intervenir sur un vieux sujet. Le bonsaï doit être taillé tous les ans. Laisser croître un bonsaï puis le tailler sévèrement entraînera sa perte ou du moins celle de son aspect nanifié.

**40 - Le bonsaï doit-il être rempoté chaque année, et si oui, à quelle saison ?**

En règle générale, le bonsaï est rempoté tous les deux ans. Cette opération délicate s'effectue au début du printemps. Les rempotages permettent d'améliorer ou de changer une partie de la terre et de tailler avec soin les racines.

**41 - Quel est le mélange terreux idéal pour le bonsaï ?**

Comme pour la majorité des plantes cultivées en pot, le mélange terreux le mieux adapté est composé de terre franche mélangée à du terreau de feuilles et du sable. Mais chaque bonsaï a ses exigences et il est bon de se documenter ou de prendre contact avec un spécialiste pour éviter les erreurs.

**42 - Peut-on arroser les bonsaïs avec l'eau du robinet ?**

L'eau du robinet est souvent calcaire et ne convient pas à la majorité des arbres cultivés en pot. Cette précaution est aussi valable pour la majorité des plantes vertes et fleuries.

**43 - Ma bougainvillée a perdu de sa splendeur bien que la température de ma véranda reste fraîche en hiver.**

La bougainvillée fleurit magnifiquement en extérieur là où les hivers sont chauds. Partout ailleurs, il n'est pas facile de lui conserver sa beauté. Pour limiter les problèmes liés à une culture en appartement ou en pavillon, vaporisez régulièrement son feuillage et n'hésitez pas à la sortir, à condition que l'écart de température entre votre intérieur et l'extérieur soit seulement de quelques degrés.

**44 - Mes cactus sont envahis de cochenilles. Existe-t-il une méthode simple pour s'en débarrasser ?**

Oui, cette méthode existe. Frottez délicatement le tronc de votre cactée avec une brosse à dent et une solution alcoolisée. Cette méthode simple et à la portée de tous offre l'avantage d'éliminer durablement les petites bêtes et restitue à votre plante tout son éclat. Il est aussi possible d'utiliser des bombes aérosol pour se défaire des cochenilles mais leur emploi n'est pas sans conséquence sur l'environnement.

**45 - J'ai constaté la présence de pucerons sur mes plantes vertes. Comment puis-je m'en débarrasser ?**

Les infestations graves de pucerons dans les appartements sont rares. Pour vous débarrasser proprement de ces petits insectes, nettoyez vos feuilles à grande eau lorsque c'est possible ou aidez-vous d'une éponge humide si la plante est grande et intransportable. N'utilisez pas de pesticides. Il n'est jamais sain de traiter les lieux où l'on mange et où l'on dort.

**46 - Doit-on utiliser de l'engrais pour les cactées ?**

Les cactus vivent dans les régions chaudes. Ils sont habitués aux conditions extrêmes et aux terres sableuses. Ils sont peu exigeants sur la richesse du sol et l'épandage d'engrais est souvent sans intérêt.

**47 - Quand doit-on arroser un cactus ?**

Les cactées réclament peu d'eau mais une absence totale d'arrosage les tuerait.

Il est possible de les arroser une fois par mois au printemps et en été, et de réduire cet arrosage en automne. Cessez tout apport d'eau en hiver, sauf si votre plante est exposée dans une pièce chaude.

**48 - Quelle terre convient le mieux aux cactées ?**

Les cactées doivent être cultivées dans des terres légères et qui ne retiennent pas l'eau. Une terre trop humide entraîne la pourriture du végétal. La terre idéale pour une culture en pot se compose de deux tiers de terreau et un tiers de sable.

**49 - Qu'appelle-t-on une plante succulente ?**

Une plante succulente est un végétal qui possède un feuillage épais et riche en eau. Cette particularité lui permet de vivre dans les régions les plus sèches de la planète.

**50 - Est-il vrai que certains cactus produisent des fleurs qui ne durent qu'un jour ?**

C'est tout à fait exact. Il y en a même un, le « cierge de la lune », qui ne fleurit que la nuit et qu'une seule nuit. La fleur est splendide, blanche et atteint 30 cm de diamètre.

**51 - Mon cactus de Noël dépérit. Pourquoi ?**

Le schlumbergera, le cactus de Noël, est une variété de cactus sans épine. Il produit à l'automne ou en hiver des fleurs blanches, roses ou rouges.

Cette plante de culture facile déteste être déplacée. Il suffit de la changer de place pour que les fleurs se détachent et tombent.

**52 - Mon caladium a perdu toutes ses feuilles. Est-il malade ?**

Votre plante est en pleine forme. Le caladium produit des feuilles caduques qui tombent à l'automne. Contentez-vous de limiter les arrosages et de placer le pot en hiver dans le noir et dans une pièce chauffée à 18 °C. Maintenez la terre humide. Au printemps, placez votre pot en situation lumineuse mais protégée des rayons du soleil et des courants d'air. Arrosez et rempotez l'année suivante, au printemps.

**53 - Mon caoutchouc n'est pas en forme, pourtant je l'arrose deux fois par semaine.**

Votre plante souffre d'un trop-plein d'eau. Réduisez la quantité d'eau et contentez-vous d'un arrosage par semaine au printemps et en été et toutes les deux semaines en automne et en hiver.

**54 - J'aurais aimé que mon caoutchouc ressemble à un petit arbre mais il ne produit qu'une tige. Que faire ?**

Pour favoriser le départ de jeunes branches et donner à votre plante l'apparence d'un petit arbre, coupez la tige des deux tiers à 1 cm au-dessus d'une feuille. Il produira rapidement des petits bourgeons latéraux qui deviendront à leur tour de belles et solides branches.

**55 - Mon capillaire a le feuillage qui jaunit. Est-il malade ?**

L'*Adiantum raddianum* déteste le soleil. Éloignez sans tarder votre fougère de la fenêtre et cultivez-la dans une pièce lumineuse mais protégée des rayons du soleil.

**56 - J'aimerais posséder des plantes carnivores dans mon appartement. Sont-elles simples à entretenir ?**

Les plantes carnivores exigent des arrosages journaliers avec une eau non calcaire, une très grande luminosité et une terre acide. Mais elles ont besoin aussi de chaleur et ne se plaisent que lorsque la température est supérieure à 15 °C, ce qui convient peu à une vie en appartement.

**57 - Comment peut-on reproduire un cissus ?**

Le cissus se reproduit par bouture. Il vous suffit de prélever l'extrémité d'une tige et de la planter dans une terre légère et humide. Ce bouturage s'effectue en septembre.

**58 - Comment conserver un clivia pour qu'il refleurisse l'année suivante ?**

Installez votre plante dans un endroit lumineux mais protégé du soleil.

Supprimez les fleurs fanées et conservez votre clivia dans une pièce où la température n'excède pas 15 °C en septembre et en octobre. Réduisez les arrosages. Lorsque les boutons floraux apparaissent, reprenez un arrosage régulier et placez le pot à une température ambiante d'environ 20 °C.

**59 - Mon chlorophytum a ses feuilles qui jaunissent aux extrémités. Pourquoi ?**

Le chlorophytum est peu exigeant en culture mais il est sensible aux atmosphères sèches des appartements et à l'excès d'eau dans le sol. Le jaunissement du feuillage a pour origine l'une de ces deux causes.

**60 - Mes coléus sont magnifiques. Puis-je les bouturer?**

Le coléus est une plante facile à bouturer. Il vous suffit de couper une tige, de ne conserver que deux feuilles et de la placer dans un verre d'eau. Après l'apparition des petites racines, il vous sera possible de replanter cette bouture avec délicatesse dans un pot rempli de terreau. Veillez à maintenir la terre humide.

**61 - J'ai appris que les cordylines fleurissaient. Je suis étonné que celle que j'entretiens depuis longtemps ne m'ait jamais donné de fleurs.**

La cordyline, lorsqu'elle se plaît, produit de belles fleurs blanches, roses ou rouges et disposées en panicule. Mais elle ne fleurit qu'après dix ans de culture et vous devrez encore faire preuve de patience.

**62 - Quelle est la fréquence d'arrosage d'un crassula ?**

Le crassula se satisfait des ambiances sèches. Arrosez-le tous les quinze jours toute l'année sauf en hiver où vous cesserez tout apport d'eau.

**63 - Les feuilles de mon croton ont perdu de leur éclat. Que faire ?**

Il faut veiller à installer le croton dans une pièce lumineuse mais protégée des rayons du soleil. C'est justement ces rayons du soleil qui sont la cause de ce ternissement. Veillez également à ne pas arroser avec l'eau du robinet si celle-ci est calcaire.

**64 - Comment faire pour conserver mes cyclamens ?**

Pour conserver quelques années vos cyclamens, veillez à les protéger des rayons du soleil sauf en hiver. Vaporisez le dessous du feuillage et laissez sécher la terre entre deux arrosages. Rempotez votre plante en automne dans un mélange de terre de bruyère et de terreau. Après la floraison, installez vos cyclamens dans une pièce fraîche, ils détestent la chaleur. Coupez les fleurs fanées.

**65 - Est-il exact que les professionnels possèdent une technique pour vérifier la vigueur d'un cyclamen ?**

C'est exact mais il n'est pas dit que votre fleuriste l'appréciera. Vous retournez le pot et posez la plante sur son feuillage. Si ce dernier ne plie pas et que les feuilles ne s'écrasent pas sous le poids du pot, votre cyclamen est vigoureux et la floraison sera à la hauteur de vos attentes.

**66 - Les feuilles de mes cyclamens jaunissent puis pourrissent. Que faire ?**

Vos cyclamens souffrent de fusariose, une maladie cryptogamique. Cette maladie est favorisée par un excès d'humidité, un arrosage avec une eau trop froide ou un semis trop précoce au printemps. Détruisez vos plants contaminés et surveillez attentivement ceux qui semblent indemnes pour éviter que la maladie ne se transmette aux végétaux sains.

**67 - Les cyclamens que je produis ont les feuilles qui se déforment. À quoi est-ce dû ?**

Vos cyclamens sont attaqués par des tarsonèmes, des insectes minuscules invisibles à l'œil nu. Ces mites microscopiques piquent les plantes et transmettent au végétal une substance toxique, qui est responsable des malformations. Vous devez détruire vos plantes car les traitements sont de peu d'intérêt et ne soigneront pas vos cyclamens déjà atteints.

**68 - Mon cypérus jaunit et ne pousse pas malgré de fréquentes pulvérisations d'eau sur le feuillage.**

Le cypérus a besoin d'humidité. La brumisation de son feuillage ne suffit pas. Il est indispensable de poser sous le pot une soucoupe remplie d'eau en permanence.

**69 - Est-il difficile de bouturer un cypérus ?**

Il vous suffit de prélever l'extrémité des tiges. Conservez un petit talon et installez les feuilles dans une coupelle remplie d'eau. Les feuilles produiront rapidement de petites racines blanches. Avec délicatesse, plantez la bouture dans un pot rempli de terreau et maintenez la terre humide en permanence.

**70 - Peut-on bouturer un datura ?**

Le datura est une plante qui se bouture facilement. En mars, prélevez 15 cm sur l'extrémité d'une tige. Plantez la bouture d'un tiers dans un mélange de sable et de terreau. Maintenez la terre humide. Dès la mi-avril, il vous sera possible de replanter votre bouture dans un petit pot.

**71 - Est-il exact que le dieffenbachia est dangereux ?**

Cette belle plante verte produit une sève irritante. Il est indispensable de la manipuler avec précaution et d'utiliser des gants pour les travaux de coupe. Il ne faut jamais se toucher les yeux après avoir manipulé un dieffenbachia et il faut se laver les mains après tout contact.

**72 - Mon dracéna est devenu trop grand. Puis-je le tailler ?**

Le dracéna se taille aisément. En coupant la tige épaisse, il produira une nouvelle pousse à son extrémité. Il vous est aussi possible de prélever l'extrémité des tiges et de les bouturer. Le bouturage peut se faire toute l'année.

**73 - Faut-il rempoter tous les ans son dracéna ?**

Le dracéna n'aime pas être dérangé. Attendez que les racines sortent du pot pour le rempoter dans un pot aux dimensions légèrement supérieures. Le dracéna est un grand consommateur de terreau. N'hésitez pas, en cours d'année, à compléter le terreau de surface.

**74 - Le faux-aralia que l'on m'a offert semble dépérir. Que faire ?**

Le faux-aralia ou *Dizygotheca* apprécie les atmosphères humides. Il est indispensable de vaporiser chaque jour son feuillage et en particulier en hiver, lorsque le chauffage assèche l'air ambiant.

**75 - Mon ficus perd abondamment ses feuilles en hiver. Pourquoi ?**

Le ficus déteste les courants d'air, la pénombre et la proximité d'une source de chaleur. Si la chute des feuilles est abondante, placez votre plante dans une pièce fraîche et taillez l'extrémité des racines. Arrosez légèrement la surface de la terre et veillez à maintenir le terreau humide en permanence mais sans excès.

**76 - Mon ficus est envahi d'aleurodes. Que faire ?**

Si la taille de votre ficus l'autorise, installez–le dans votre baignoire et douchez-le en insistant sur le revers des feuilles. Les aleurodes sont de minuscules insectes qui détestent l'eau et cette aspersion suffira à les éliminer. Si votre ficus n'est pas transportable, vaporisez régulièrement le revers du feuillage.

**77 - Est-il exact que mon figuier-lyre a besoin de soleil ?**

Votre plante exige beaucoup de luminosité et apprécie le soleil excepté lorsqu'il est brûlant. Protégez-le des rayons de midi, particulièrement en juillet et en août.

**78 - Je respecte à la lettre les recommandations d'entretien pour mon fittonia. Il semble pourtant souffrir.**

Le fittonia aime les substrats élaborés, les lumières tamisées et les arrosages réguliers. Il ne supporte pas le soleil, les écarts de température ni l'atmosphère sèche de votre appartement.

Pour faire court, cette plante est une plante de serre et à moins que vous n'en disposiez et que vous soyez vous-même expert en plantes vertes, ne rêvez pas, vous ne pourrez la conserver longtemps.

**79 - J'ai ramené de Cuba des graines de flamboyant. Comment les planter et comment s'en occuper ?**

Le flamboyant *(Delonix regia)* est un arbre originaire de Madagascar. Il fleurit le plus souvent rouge et atteint une dizaine de mètres. Cette plante vit spontanément dans les régions sujettes aux feux de brousse. Elle a su s'adapter à ces conditions de culture. Pour faire germer les graines, il est utile de les ébouillanter puis de les laisser tremper dans l'eau plusieurs jours. Cet arbre a besoin de chaleur. Les graines seront cultivées à une température minimum de 25 °C et dans une terre constamment humide. Au bout de quelques années, le flamboyant sera installé dans un pot et protégé en hiver. Il ne supporte pas les températures inférieures à 10 °C.

**80 - Mon gardénia a fleuri. Que faut-il faire pour le conserver tout l'hiver ?**

Arrosez-le deux fois par semaine en été et à l'automne et réduisez les apports d'eau tout l'hiver. N'utilisez pas l'eau du robinet, souvent calcaire. Installez-le dans un endroit lumineux mais protégé des rayons du soleil. Conservez votre gardénia à une température moyenne de 20 °C et jamais en dessous de 10 °C en hiver. Vaporisez régulièrement le feuillage.

**81 - On m'a offert un gardénia. Il a produit beaucoup de boutons mais ils ne s'ouvrent pas et tombent. Que peut-on faire pour profiter de la floraison jusqu'au bout ?**

Le gardénia est une plante qui fleurit magnifiquement. Mais elle est fragile et demande beaucoup d'attentions. Attention aux courants d'air et au froid qui peut la saisir lors de l'ouverture d'une fenêtre. Attention au soleil qui brûle la plante à travers les carreaux. Attention aux pièces trop chauffées ou trop sèches. Le gardénia aime les températures d'environ 18 °C, les arrosages légers et réguliers, déteste l'eau calcaire et le soleil direct.

**82 - Les gloxinias se conservent-ils après la floraison ?**

Les gloxinias fleurissent de mai à fin août. Après la floraison et une fois le feuillage sec, installez votre plante dans un endroit frais et dans l'obscurité. Au printemps, déterrez les tubercules et plantez-les dans un pot contenant du terreau de qualité. Arrosez. Votre gloxinia repartira mais sa floraison n'aura pas la même qualité que l'année précédente. Il est conseillé après cette deuxième floraison de vous débarrasser de votre plante.

**83 - Mon hibiscus a perdu tous ses boutons floraux avant qu'ils ne s'ouvrent. Que faire ?**

Il est trop tard pour agir mais veillez l'an prochain à vaporiser votre plante.

Elle déteste les atmosphères sèches qui provoquent l'avortement des boutons floraux et vous privent de sa floraison.

**84 - Doit-on tailler les hibiscus ?**

Il est conseillé au tout début du printemps de couper les tiges de moitié. Cette coupe sévère favorise l'apparition de nouvelles branches et permet d'obtenir des fleurs de bonnes dimensions.

**85 - Depuis que j'ai rempoté mon hibiscus, il ne fleurit plus. Pourquoi ?**

Il est toujours tentant d'installer sa plante dans un pot nettement plus gros. C'est une erreur. Votre hibiscus a beaucoup de place pour développer ses racines et cette croissance s'effectue au détriment de la floraison.

**86 - Mon hoya perd ses fleurs. Pourquoi ?**

Cette plante est fragile et déteste être dérangée. Il ne faut pas la changer de place lorsqu'elle est en boutons et contrairement à la majorité des autres végétaux, il ne faut pas supprimer les tiges florales. Ce sont elles qui refleuriront l'année prochaine.

**87 - Mon kalanchoe fleurit bien mais son feuillage est devenu roux. Pourquoi ?**

Le kalanchoe est de culture simple mais il est sensible aux rayons du soleil. Le soleil a brûlé son feuillage et si l'exposition est maintenue, votre kalanchoe ne survivra pas. Installez-le sans attendre en situation lumineuse mais protégée des rayons du soleil.

**88 - Comment réussir la bouture d'un kalanchoe ?**

Prélevez l'extrémité des tiges. Cette coupe doit être nette. Conservez une ou deux feuilles. Plantez la bouture dans un mélange de terreau et de sable. Conservez la terre humide. Si vous observez sur vos feuilles de kalanchoe des jeunes pousses, prélevez-les et posez-les simplement sur un mélange terreux identique à celui décrit ci-dessus. Arrosez.

**89 - Qu'appelle-t-on « langue de belle-mère » ?**

La « langue de belle-mère » est une plante originaire d'Asie. Elle a pour nom botanique *Aspidistra elatior*. Cette plante verte vit longtemps et peut être plantée dans le jardin en été.

**90 - Mon maranta possède des feuilles superbes mais qui se replient sur elles-mêmes. Est-il malade ?**

Si vous constatez ce problème dans la journée, il souffre de la sécheresse de l'air. Si ce phénomène n'est constaté que le soir, rassurez-vous, votre plante est saine. C'est une réaction normale. On appelle d'ailleurs le maranta « dormeuse » pour cette raison.

### 91 - Peut-on cultiver le mimosa comme plante d'appartement ?

Oui, mais le vrai mimosa et pas celui auquel vous faites sûrement allusion, le mimosa des fleuristes, est en fait un acacia. Le mimosa cultivé dans nos intérieurs est la sensitive, le *Mimosa pudica*. Cette petite plante présente une particularité amusante : ses feuilles se replient au moindre contact.

### 92 - Mon néphrolépis est magnifique mais l'extrémité de son feuillage est sèche. Pourquoi ?

Le soleil et la sécheresse de l'air sont responsables du jaunissement du feuillage.

Le néphrolépis est une fougère qui apprécie les situations lumineuses mais redoute le soleil direct. Il faudra sans tarder lui trouver la place idéale et ne pas oublier de pulvériser ses feuilles régulièrement.

### 93 - Quelle est la terre parfaite pour une orchidée ?

Il existe une gigantesque quantité d'orchidées. Toutes n'ont pas les mêmes besoins. En règle générale, la terre qui convient aux orchidées est constituée de broyage d'écorce de pin, de tourbe fibreuse, de terreau de feuilles et de sphaigne. Le plus simple est d'acheter les mélanges déjà prêts d'autant plus que la quantité nécessaire est rarement importante.

### 94 - Les orchidées supportent-elles le soleil direct ?

La majorité des orchidées qui vivent dans nos intérieurs sont épiphytes. Elles vivent sous les arbres et sont ainsi protégées des rayons du soleil. Chez vous, il est indispensable de recréer les ambiances qui leur sont propres. Pas de soleil direct.

### 95 - Mes orchidées produisent des racines hors de terre. Faut-il les couper ?

Les orchidées produisent des racines aériennes pour capter l'humidité de l'air. Il ne faut surtout pas les supprimer et il est même conseillé de les vaporiser régulièrement.

### 96 - On m'a parlé de l'orchidée du pauvre. Cette orchidée existe-t-elle vraiment ?

Elle existe mais elle n'a d'orchidée que le nom. Le *Schizanthus pinnatus* est une plante annuelle qui fleurit tout l'été. Ses fleurs sont blanches, roses, rouges ou jaunes. Elles ressemblent vaguement aux orchidées mais elles sont loin d'égaler en beauté ces dernières.

### 97 - Puis-je planter dans le jardin mes pieds de pachystachis ?

Cette fleur aux allures de crevettes est originaire d'Amérique tropicale. Elle déteste le soleil direct, redoute le froid et exige une terre riche. C'est une plante de serre qui ne fleurira en extérieur que dans les régions aux hivers chauds et protégées du gel.

## 98 - Comment faire refleurir la pervenche de Madagascar ?

Taillez court les tiges au printemps. Placez le pot en situation très lumineuse mais protégé des rayons du soleil. Rempotez dans un mélange à part égale de terreau et de terre de bruyère. Installez la pervenche dans la pièce la plus chaude de l'appartement au moment de sa floraison. Mais ne vous faites pas trop d'illusions. Sa reprise après une année de floraison est aléatoire et il est difficile de la conserver longtemps.

## 99 - J'ai ramené de voyage des graines d'oiseau de paradis. On m'a dit qu'il fallait plusieurs années aux graines avant de germer. Est-ce vrai ?

Le *Strelitzia reginae*, nom botanique de l'oiseau de paradis, produit effectivement des graines longues à germer. Elles peuvent parfois se faire attendre quatre ou cinq ans. Une fois levées, repiquez les jeunes plants dans des grands pots remplis de terreau. Arrosez copieusement en été et conservez les pieds en hiver dans une pièce fraîche et ensoleillée.

## 100 - Mon philodendron atteint le plafond. Puis-je couper la tige principale ?

Oui. De plus, cette coupe favorisera le démarrage de branches secondaires et évitera à votre philodendron de ne développer qu'une tige peu fournie.

## 101 - Mon philodendron produit sur la tige quantité de racines. Faut-il les supprimer ?

Les racines aériennes du philodendron absorbent l'humidité. Elles ont leur utilité et ne doivent pas être coupées.

## 102 - J'ai ramené du Mexique des graines de « plante crevette ». Comment procéder pour que le semis réussisse ?

La « plante crevette » ou Bélopérone se sème dans un mélange de terre, de terreau, de sable et de tourbe. La plante a besoin d'humidité mais déteste avoir son feuillage humide. Placez une soucoupe d'eau sous le pot. Rempotez au printemps et arrosez votre plante deux fois pas semaine lorsqu'elle est en fleurs. Taillez en hiver les pousses des deux tiers. Il vous sera possible de la conserver plusieurs années.

Renseignez-vous toujours auprès des autorités locales pour savoir s'il est possible de ramener dans votre pays graines ou végétaux. La législation varie d'un État à l'autre et il serait fâcheux d'être poursuivi pour avoir transporté des plantes que l'on trouve facilement dans les jardineries européennes.

## 103 - Quand faut-il rempoter la « corne d'élan » ?

Le *Platycerium* ou « corne d'élan » est une plante de suspension qu'il est bon d'accrocher à un support. Elle produit de grandes feuilles qui, en se décomposant, nourriront le nouveau feuillage. Le rempotage est rarement justifié sauf si le pot est devenu trop petit. Attention à l'extrême fragilité des racines.

**104 - Comment conserver à mon poinsettia son feuillage rouge ?**

Pas simple. Cette plante, la plus vendue au monde, produit des bractées rouges, roses ou blanches. Ces bractées semblables à des feuilles perdent leur couleur au bout de quelques mois. Pour la conserver, taillez la tige à 10 cm, placez la plante dans un lieu très lumineux et arrosez très peu. Contentez-vous de maintenir la terre humide. Et avec un peu de chance et si vous avez la main verte….

**105 - Les fruits du pommier d'amour sont-ils comestibles ?**

Les petites pommes très attractives de cette plante au joli nom sont toxiques et ne doivent pas être consommées. Il est fortement déconseillé d'en cultiver dans les pièces fréquentées par les enfants, qui confondent souvent ce fruit avec des bonbons ou des petites tomates.

**106 - Puis-je replanter dans le jardin les primevères de ma composition florale ?**

Les primevères des compositions florales ne doivent pas être confondues avec nos primevères de jardins. Leur espérance de vie n'excède pas deux ou trois ans et elles ne survivront pas au gel hivernal.

**107 - Mes ptéris ont les feuilles sèches et produisent de longues tiges frêles. Est-ce normal ?**

Votre fougère manque de lumière. Installez-la dans une pièce lumineuse mais protégée des rayons du soleil. Cette plante a besoin de beaucoup d'eau. N'hésitez pas, pour lui rendre sa vigueur, à couper toutes les tiges au ras de la souche et à l'arroser copieusement plusieurs fois par semaine.

**108 - Une plante aurait pour nom le rince-bouteilles. Est-ce son vrai nom ?**

Le rince-bouteilles existe vraiment. Dans son pays d'origine, l'Australie, c'est un petit arbuste qui produit des fleurs en forme de goupillons. D'où son nom. Mais le vrai nom des plantes est le nom botanique. Cet arbuste est le *Callistemon citrinus*.

**109 - Je n'ai jamais réussi à conserver un rosier nain. Pourquoi ?**

Ce rosier a été nanifié et cultivé pour fleurir à l'intérieur. Son espérance de vie dans une maison correspond à la durée de sa floraison. Pour le faire durer plus longtemps, plantez-le dans votre jardin.

**110 - Comment conserver un saintpaulia après la floraison ?**

Ôtez les fleurs fanées et contentez-vous d'un arrosage léger toutes les trois semaines en hiver. Installez le saintpaulia dans un lieu lumineux mais protégé des rayons du soleil. Rempotez-le dans un pot à peine plus grand après la floraison.

**111 - Les fleurs de mes saintpaulias sont attaquées par une bête. Elles sont comme piquetées de points noirs et se couvrent de taches blanches. Que faire ?**

Vos saintpaulias abritent des thrips. Ces minuscules insectes sont à l'origine des dégâts que vous observez. Tentez de les éliminer à la main en les délogeant. Ils vivent sur le revers des feuilles. Installez à proximité le bon vieux papier tue-mouches qui devrait en attirer quelques-uns. Et détruisez les plantes trop atteintes pour éviter qu'elles ne contaminent vos autres végétaux.

**112 - Est-il facile de conserver plusieurs années de suite un spathiphyllum ?**

Le spathiphyllum fleurit tout au long de l'année. Ses fleurs en forme de cœur sont le plus souvent blanches. Le spathiphyllum apprécie l'humidité et il est bon de vaporiser régulièrement son feuillage. Il redoute le soleil direct mais a besoin d'une exposition lumineuse. Il est rempoté tous les deux ans dans une terre riche. Évitez les engrais. Le spathiphyllum a pour autre nom « fleur de lune ». Cette jolie appellation ne doit pas vous faire oublier que ce végétal produit une sève irritante et qu'il est conseillé de porter des gants lorsque l'on doit la rempoter ou la tailler. Cette plante demande peu de soins et peut vivre plusieurs années dans votre intérieur.

**113 - Mon yucca est grand et dégarni de la base. Que faire ?**

Il vous est possible de lui redonner une deuxième jeunesse. Coupez le tronc à 50 cm du sol. Il reproduira de nouvelles feuilles sur la tige principale et un nouveau tronc se formera.

# Les plantes en pot ou en bac 2

**1 - Que faire pour éviter que les branches, tiges ou fleurs ne soient systématiquement attirées par la fenêtre ?**

Il n'y a rien à faire contre le phototropisme, action de la lumière qui influence la croissance des végétaux. Contentez-vous de tourner régulièrement votre pot.

**2 - Est-il possible de cultiver des plantes en pot à l'ombre?**

Il existe peu de plantes qui s'accommodent de la culture en pot et de l'absence de soleil. Il est néanmoins possible de planter des coléus, hostas, impatiens, hellébores, fuchsias, violas et quelques arbustes comme le rhododendron, l'azalée, le piéris ou encore le camélia. Toutes ces plantes ne fleurissent pas au même moment et permettent de colorer toute l'année terrasses ou balcons.

**3 - Le goutte-à-goutte a-t-il de l'intérêt pour arroser les pots du balcon ?**

Il faut avouer que le tuyau noir qui serpente entre les pots n'est pas esthétique. Le plaisir de la culture est de s'occuper de ses plantes, de les chouchouter. Le goutte-à-goutte diffuse la quantité d'eau nécessaire et peut devenir pratique en cas d'absences prolongées. C'est bien là son seul intérêt.

**4 - J'aimerais cultiver des herbes aromatiques sur mon balcon. Est-ce possible et si oui, lesquelles ?**

Il est parfaitement possible de cultiver sur son balcon des plantes aromatiques.

- *La ciboulette :* il sera conseillé de supprimer les fleurs dès leur apparition.
- *L'estragon :* il sera indispensable de rentrer le pot avant l'arrivée du froid.
- *L'aneth :* à cultiver dans un grand pot car cette plante peut atteindre 1 m de haut.
- *Le cerfeuil :* à cultiver en situation lumineuse mais protégée des rayons.
- *Le persil :* Il sera bon de le renouveler chaque année.

**5 - Est-ce qu'il est possible de mettre sur mes plantes fragiles une couverture pour les protéger du gel ?**

La couverture n'est à utiliser que s'il y a urgence. La plante a besoin de lumière et d'air pour vivre. Installez une toile en polypropylène qui protège efficacement et peut rester en place jusqu'au printemps et n'oubliez pas de protéger le tronc et le pot des essences fragiles.

**6 - Je possède un balcon et j'aimerais cultiver en pots quelques légumes. Quels sont ceux qui tolèrent ce type de plantation ?**

Beaucoup de légumes peuvent être cultivés en pot. Il faudra veiller à maintenir la terre humide en permanence. Il est possible de planter sur votre balcon des tomates, artichauts, radis, épinards, cornichons, aubergines, haricots, salades...

**7 - Est-ce que les aiguilles de cèdre sont nocives pour les plantes en pot que je mets à l'ombre en été ?**

Les aiguilles de cèdre tombent en petite quantité en été et n'ont pas le temps de se décomposer. Elles ne représentent aucune menace pour les plantes installées sous l'arbre.

**8 - Comment faire pour que les plantes de mon balcon ne souffrent pas de la sécheresse lorsque je pars en vacances ?**

Il est conseillé de placer vos végétaux à l'ombre et de ne pas hésiter à les couvrir d'un panneau si le soleil éclaire en permanence votre balcon. Une plante supportera mieux l'absence de lumière quelque temps qu'une sécheresse durable. Employez des bacs à réserve d'eau et à défaut arrosez copieusement avant de partir.

**9 - Puis-je placer des pots d'achillées sur un balcon très ensoleillé ?**

C'est même l'une des plantes qui supportera le mieux la chaleur et qui n'exigera pas un arrosage fréquent. Pour prolonger la floraison des achillées, n'hésitez pas à supprimer au fur et à mesure les fleurs fanées.

**10 - Mes agaves en pot sont merveilleux. Peut-on les bouturer ?**

La méthode la plus simple pour obtenir de jeunes pieds est de prélever délicatement les jeunes pousses qui se développent à la base de la plante. Ces œilletons seront disposés dans un pot rempli à part égale de terreau et de sable. Maintenez les pots dans une pièce chaude et arrosez à peine. Cette opération s'effectue au printemps et les œilletons se replantent en pleine terre l'année suivante, toujours au printemps.

**11 - J'ai planté en début d'année de l'ail d'ornement. La floraison fut superbe. Comment puis-je le conserver ?**

L'ail d'ornement est une plante à bulbe. Coupez les hampes florales après la floraison et laissez le feuillage jaunir. Lorsque celui-ci est sec, arrachez les bulbes et placez-les dans de la tourbe bien sèche. N'arrosez surtout pas. Plantez-les en automne dans un pot rempli de terreau et arrosez.

**12 - Comment conserver mes amaryllis ?**

Il faut cesser l'arrosage après la floraison. Une fois le feuillage sec, placez le pot dans un local sombre, frais et aéré. Après trois années de culture, rempotez votre amaryllis dans un autre pot et dans un mélange de terreau, de tourbe et de sable.

**13 - Peut-on cultiver en pot un araucaria ?**

L'araucaria peut être cultivé en pot. Mais il ne faut pas oublier que ce conifère atteint les 30 m dans un jardin et qu'il se sentira vite à l'étroit. Il faudra envisager dans quelques années de l'installer dans un grand bac et, si vous effectuez correctement la taille des racines tous les deux ou trois ans, il pourra vivre plus de cent ans.

**14 - Quelle terre convient le mieux à l'arbousier ?**

L'arbousier tolère la culture en bac. Il se plaira dans un mélange de sable et de terre de bruyère. En pleine terre, il réclame peu d'eau mais ce n'est pas le cas pour la culture en pot. Il sera nécessaire de l'arroser chaque semaine du printemps à l'automne.

**15 - Est-il possible de cultiver les arums dans un pot ?**

Oui, et le résultat est souvent magnifique. Pour obtenir une belle floraison, choisissez une belle poterie et installez votre plante à l'ombre. Arrosez copieusement au printemps et en été et réduisez dès la fin de la floraison.

**16 - Mon balcon est exposé au nord. J'aimerais y voir des asters. Est-ce possible ?**

Il est répertorié chez les pépiniéristes et fleuristes trente six mille plantes. Vous avez le choix. Optez pour un autre végétal car l'aster réclame du soleil plusieurs heures par jour pour fleurir.

**17 - Quelle terre convient le mieux à un bananier ?**

Un mélange de terre et de terreau suffit. Le bananier pousse vite et il sera indispensable, en cours de végétation, de lui donner au printemps et en été un engrais de même type que celui utilisé pour vos plantes d'intérieurs.

**18 - Les baobabs acceptent-ils d'être plantés dans un bac ?**

J'en doute. Je n'en n'ai encore jamais vu, ni dans une serre, ni dans une orangerie. La température, l'hygrométrie, la structure du sol, la luminosité européenne ne conviennent pas à cet arbre originaire d'Afrique.

**19 - Je souhaiterais planter un beaucarnea. Est-ce possible ?**

Le beaucarnea est une plante originaire des régions tropicales. Il a besoin de chaleur. Ne le plantez en pleine terre que dans les régions les plus ensoleillées du Sud de la France et cultivez-le en pot partout ailleurs. Il sera rentré dès l'automne et abrité dans une pièce lumineuse et fraîche.

**20 - Quels sont les soins pour conserver un bougainvillée cultivé en pot ?**

Réduisez les arrosages dès la fin de l'automne et jusqu'au début du printemps. Installez le bougainvillée dans une pièce fraîche. Attention, un coup de chaud lui serait fatal. Rempotez au printemps si nécessaire et versez-lui, toujours au printemps, de l'engrais liquide.

**21 - Les brachychitons se cultivent-ils en pot ?**

Ces végétaux aux écorces colorées sont originaires d'Australie et réclament des températures positives en hiver pour vivre. Un minimum de 10 °C est requis pour que ces arbres se développent harmonieusement. Ils acceptent la culture en bac. Cultivez-les dans une terre riche et drainée et en exposition ensoleillée.

**22 - J'ai depuis de longues années un bouleau dans un pot. Il a toujours été magnifique mais depuis le printemps, il semble faible. Pourquoi ?**

Le bouleau, comme la majorité des arbres, accepte la culture en pot ou en bac quelques années. Mais cet arbre produit toujours des racines qui finissent par se sentir à l'étroit. S'il est possible de le planter dans le jardin, faites-le, sinon rajoutez en surface du terreau et rempotez-le dans un bac encore plus grand.

**23 - Depuis un mois, j'ai mis un bambou sur mon balcon mais il perd ses feuilles. Comment dois-je l'entretenir ?**

Le bambou produit quantités de racines et a besoin d'espace pour bien se développer. De plus sa croissance est rapide et il conviendra alors de le rempoter souvent ou de diviser le pied. L'espérance de vie d'un bambou en pot ou en bac excède rarement quelques années.

**24 - Mon bananier est âgé de dix ans et a toujours été superbe. Depuis quelques temps, son feuillage s'éclaircit et les feuilles deviennent grisâtres. Est-ce une maladie ?**

En observant méticuleusement le revers des grandes feuilles, vous découvrirez certainement de minuscules bêtes, des acariens. Ces araignées prolifèrent dans les lieux chauds et secs. Pour limiter leur présence, vaporisez régulièrement le dessous des feuilles. Les acariens redoutent l'humidité et si cela vous est possible, douchez votre plante.

**25 - Quand faut-il tailler mon buis en forme de boule ?**

Pour lui conserver un feuillage compact, le buis sera taillé lorsque les gelées ne seront plus à craindre et en septembre pour qu'il conserve un aspect entretenu tout l'hiver.

**26 - Quelle est la meilleure période pour rempoter un buis ?**

Cette opération n'est nécessaire que si le buis est vraiment à l'étroit dans son pot. Il est aussi possible de déterrer le buis, de sectionner les racines en périphérie et de le réinstaller dans son pot. La période idéale pour rempoter est en automne et en hiver. Arrosez immédiatement après le rempotage sauf s'il gèle.

**27 - J'ai un jeune buis en pot. Son feuillage est devenu marron orangé. Quelle est cette maladie ?**

Votre buis n'est pas malade, il a simplement soif. Arrosez-le sans attendre et son feuillage reverdira dans les huit jours. Cette situation répétitive peut à terme entraîner la mort de la plante.

**28 - Peut-on conserver en pot un camélia ?**

Le camélia tolère la culture en pot. Il sera indispensable de l'abriter en hiver et de l'arroser chaque jour en été. Taillez-le légèrement tous les ans pour que son feuillage reste compact.

**29 - Je n'ai pas taillé mon caryoptéris. Est-ce grave ?**

Une absence de taille est préoccupante si votre caryoptéris vient d'être installé dans son pot.

Ce petit arbuste à la belle floraison bleue est long à s'adapter et il est crucial les premières années de favoriser l'implantation des racines. Et cette implantation est encouragée par la coupe de ses rameaux. N'oubliez pas de le rabattre au printemps suivant.

**30 - Faut-il souvent arroser les cassias ?**

Les cassias supportent la sécheresse en pleine terre. En pot, il est bon de les arroser deux à trois fois par semaine en été puis de réduire les arrosages jusqu'au printemps suivant.

**31 - Mes célosies fanent, et pourtant je les arrose copieusement. Pourquoi ?**

Vous devez trop les arroser et l'excès d'eau a provoqué la pourriture du collet. Cette pourriture affecte la santé de la plante qui dépérit et meurt. Réduisez sans tarder les arrosages pour les plantes indemnes et arrachez les célosies contaminées.

**32 - Mes chrysanthèmes fleurissent abondamment mais le feuillage est laid. Il est couvert de tâches. De quoi s'agit-il ?**

Vous arrosez abondamment vos chrysanthèmes, ce qui explique l'abondance des fleurs. Mais il faut prendre garde à ne pas mouiller le feuillage pour éviter oïdium, rouille et autres champignons qui tachent les feuilles.

**33 - On m'a offert un citronnier des quatre saisons. Il m'a donné quelques fruits en début d'année mais a cessé d'en produire. Est-ce normal ?**

Contrairement à ce que son nom semble indiquer, le citronnier ne fructifie pas toute l'année mais se nomme ainsi car ses fleurs et ses fruits persistent longtemps sur l'arbre. Patientez quelques mois et les citrons apparaîtront.

**34 - Je suis admirative des cléomes. On voit souvent ces fleurs dans les massifs des jardins publics. Acceptent-elles d'être cultivées en pot ?**

Oui, ces grandes plantes à la floraison exubérante tolèrent la culture en pot. Placez le pot sous le soleil et n'hésitez pas à verser tous les quinze jours un engrais car ces plantes sont gourmandes en eau et en substances nutritives. Tuteurez les plantes au fur et à mesure de leur croissance.

**35 - J'ai planté en pot un *Coco nucifera* rapporté de vacances au soleil. Comment faire pour que la noix germe ?**

Le *Coco nucifera* est le vrai cocotier. C'est celui qui est vendu sur les plages et que l'on ramène dans sa valise. Pour espérer voir votre coco devenir une superbe plante, il doit être planté dans une terre riche et légère. La température minimale ne descendra pas en dessous de 20 °C. Ce végétal exige une hygrométrie très élevée, hygrométrie qu'il est possible d'obtenir en serres mais impossible de maintenir dans un appartement. Il vivra peut-être une saison.

### 36 - Peut-on garder en pot des conifères, et si oui lesquels ?

Les conifères peuvent vivre quelque temps en pot. Mais au bout de quelques années, il sera nécessaire de les installer dans le jardin. Quelques essences comme l'araucaria peuvent vivre longtemps en bac mais leur conservation demande moyens et compétence. Pour votre balcon ou votre terrasse, achetez des conifères où les noms sont souvent suivis de l'appellation « nana ». Cette appellation précise que ces conifères sont nains et accepteront la culture en pot. Parmi les essences les mieux adaptées, citons l'*Abies balsamea* 'Nana', l'*Abies alba* 'Compacta', le *Chamaecyparis obtusa* 'Kerdalo' ou encore le *Picea glauca* 'Alberta Globe'. Et si vous êtes nostalgique de la Provence, choisissez le *Juniperus scopulorum* 'Skyrocket'. Sa forme est élancée et son feuillage bleuté. Il peut atteindre en pot 4 m de hauteur.

### 37 - Est-il possible de planter un arbuste à port horizontal et qui me cacherait quelques branchements peu esthétiques ?

Le *Cotoneaster horizontalis* est un bel arbuste caduc qui produit des petits fruits rouges décoratifs. Il s'accommode des plantations en pot et tolère les tailles, même rigoureuses.

Il vous est aussi possible de planter des Junipérus rampants. Ces conifères restent verts toute l'année et sont d'entretien simple.

### 38 - Je possède un cycas en bac et il m'a été dit qu'il pouvait rester dehors en hiver car il résiste à – 10 °C. Est-ce vrai ?

Il est exact que le cycas résiste aux basses températures lorsqu'il pousse en pleine terre. En pot, il est fragile et devra être recouvert pendant le gel d'une toile en polypropylène et installé dans une pièce lumineuse et fraîche si l'hiver est long et rigoureux.

### 39 - Les feuilles de mon cycas jaunissent à l'exception des extrémités qui restent vertes. À quoi cela est-il dû ?

Votre cycas est victime des cochenilles farineuses. Vous observerez sur les feuilles des petits boucliers cireux et des amas de poudre blanche. Il existe des produits pour lutter contre elles mais il suffit souvent de détacher les cochenilles avec un bâtonnet pour les supprimer.

### 40 - Mon cyprès n'est pas en forme. Les rameaux et les feuilles semblent sécher. Que faire ?

Observez si votre plante n'abrite pas quelques colonies d'araignées rouges. Si tel est le cas, arrosez copieusement le revers du feuillage. Le cyprès tolère le bac ou le pot quelques années. Il a ensuite du mal à prospérer et finit par dépérir. C'est certainement ce qui se produit. Sauf à le transplanter dans un bac encore plus grand, il n'y a rien à faire.

**41 - Les dahlias peuvent-ils être cultivés en pot ?**

Les dahlias peuvent être cultivés en pot. Ils devront être arrosés tous les jours et placés sous le soleil. Après des journées caniculaires, il sera nécessaire de bassiner en fin de journée le feuillage qui résiste mal aux températures élevées lorsque la plante est en pot.

**42 - J'ai dans mon jardin des mufliers, dahlias et rosiers en pot. Je les arrose sauf quand il pleut et cela semble leur convenir à l'exception des dahlias qui semblent comme fanés. Pourquoi ?**

Les rosiers et mufliers produisent un feuillage qui n'est pas assez dense pour couvrir totalement la terre du pot. Lorsqu'il pleut, les plantes en profitent. Les dahlias produisent quantité de feuilles qui empêchent l'eau du ciel de mouiller la terre. Il est indispensable, quel que soit le temps, d'arroser le cœur des plantes pour qu'elles bénéficient de la quantité d'eau indispensable à leur équilibre.

**43 - Quels sont les soins à donner à un datura en arbre ?**

Le datura en arbre et cultivé en pot aime le soleil. Il est indispensable de le protéger du froid et de l'abriter dans les régions aux hivers marqués. Réduisez les arrosages en hiver et taillez-le court en mars-avril.

**44 - J'ai planté il y a deux ans un deutzia dans un pot sur un balcon exposé plein sud. Il fleurit abondamment mais son branchage s'éclaircit. Que faire ?**

Il est normal que le branchage d'un deutzia s'éclaircisse avec les années. Pour éviter qu'il ne se dégarnisse, supprimez les rameaux les plus vieux en prenant soin de garder les tiges produites les deux dernières années. En faisant ainsi, vous rajeunissez l'arbuste et son feuillage restera compact.

**45 - Comment entretenir un diplanédia ?**

Le diplanédia, également nommé mandevilla, est une plante grimpante. Il aime la chaleur et le soleil mais apprécie peu les rayons brûlants de midi. Il supporte la canicule et les périodes de sécheresse si elles ne sont pas trop longues. N'hésitez pas à couper court son branchage à l'automne. Abritez le diplanédia en hiver dans une pièce lumineuse et à une température n'excédant pas 12 °C.

**46 - Quel est l'arbuste qui me permettrait d'être caché de mes voisins ?**

Il vous faut un arbuste à feuilles persistantes. L'*Eleagnus pungens* est un bel arbuste à feuilles jaunes et vertes. Il réclame peu d'eau et tolère les tailles. Contentez-vous, une fois par an à l'automne, de supprimer le bois mort et les branches gênantes ou inesthétiques.

**47 - Mon érable du Japon était magnifique jusqu'en juillet. Je pense que la canicule l'a endommagé. Que faire pour éviter que cela ne se reproduise ?**

Les érables du Japon sont sensibles au froid, au vent et à la chaleur. Ils vivent dans la terre de bruyère qui s'assèche vite par grandes chaleurs. En période de canicule, il est indispensable d'arroser chaque soir le pied de l'arbre et de doucher son feuillage.

**48 - J'aimerais planter dans un pot un eucalyptus mais il m'a été dit que cet arbre poussait vite et devenait rapidement gros. Qu'en est-il vraiment ?**

Il existe des centaines d'eucalyptus. Tous ne poussent pas sous nos climats. Certains tolèrent le gel en hiver, comme l'*Eucalyptus Gunnii*. Il vous sera possible de le cultiver quelques années sans le tailler puis de maintenir son développement en épointant les branches en automne. Prévoyez un grand pot car ses racines ont besoin d'espace.

**49 - Puis-je installer un forsythia en pot sur un balcon éclairé par le soleil seulement le matin ?**

Le forsythia illumine le balcon avec ses fleurs jaunes qui apparaissent tôt au printemps. Il n'est pas très gourmand en luminosité et s'adapte aux expositions peu éclairées une partie de la journée. Mais il faut néanmoins reconnaître qu'il n'est guère décoratif en été et en automne lorsqu'il n'est pas en fleurs.

**50 - Que faire pour conserver un frangipanier en bac ?**

Cet arbuste a besoin de chaleur et de soleil. Dans un bac, un mélange de terre végétale, de sable et de terreau est parfait. L'hygrométrie idéale avoisine les 50 %. La température hivernale ne doit pas être inférieure à 15 °C. Mais ne rêvez pas trop. À moins d'avoir la main verte et de posséder une serre, il serait extraordinaire que vous puissiez le conserver longtemps.

**51 - J'aimerais planter sur mon balcon des arbres fruitiers. Donneront-ils des fruits ?**

Il est possible de cultiver en pot des arbres fruitiers mais il faut savoir que la fructification sera minime. Installez vos arbres en situation très ensoleillée et dans de grands pots. Le mélange terreux sera un mélange de terre de jardin et de terreau. Maintenez le sol humide.

Taillez vos fruitiers en fonction de leurs besoins (voir le chapitre consacré aux arbres fruitiers). Prévoyez un rempotage tous les trois ou quatre ans et n'hésitez pas en début d'année à rajouter en surface du terreau de feuilles. Traiter les fruits serait une hérésie, le bonheur d'une telle plantation, aussi minime soit-elle, est de manger *sa* production saine et sans traitement.

**52 - Quel est le mélange terreux qui convient le mieux aux fuchsias ?**

Le mélange terreux idéal pour vos fuchsias est composé de terreau de feuilles, de sable et de terre de bruyère. La terre sera maintenue humide en permanence mais sans excès.

**53 - Comment conserver d'une année sur l'autre les fuchsias cultivés en pot ?**

En automne, coupez court toutes les tiges. Si votre pot reste sur le balcon en hiver, prévoyez une protection les jours de gel. Rempotez dans un pot à peine plus grand au printemps et arrosez. N'hésitez pas à pincer les jeunes tiges en juin pour ramifier votre fuchsia.

**54 - J'ai ramené de vacances des jeunes pieds de genêts. Je souhaite les planter en pot. Dans quelle terre ?**

Plantez vos jeunes pieds dans de gros pots remplis d'un mélange de terreau et de sable. Coupez l'extrémité des tiges après la floraison pour que les plantes conservent un feuillage compact et évitent de se dégarnir de la base.

**55 - Mon genévrier a le feuillage qui rougit. À quoi est-ce dû et que faire ?**

Regardez attentivement si votre Juniperus n'est pas attaqué par des araignées rouges. En l'absence des petites bêtes, votre conifère peut souffrir de la rouille, un champignon favorisé par l'humidité et la chaleur. Réduisez les arrosages, le genévrier supporte les sécheresses.

Si l'ensemble du feuillage est roussi, l'arbre est condamné et il vous faut l'arracher.

**56 - J'adore les giroflées et je souhaite en planter sur mon balcon. Quel est le mélange terreux le mieux adapté ?**

Les giroflées sont de culture simple et s'accommodent d'une terre de jardin. Pour favoriser la floraison, il est néanmoins conseillé de mélanger la terre à un terreau de feuilles.

**57 - Peut-on cultiver en pot des grenadiers ?**

Les grenadiers peuvent être plantés en caisses et y vivre très longtemps. Tous les trois ou quatre ans, coupez l'extrémité des racines sur une dizaine de centimètres. Réduisez la largeur de la motte de 10 cm en périphérie. Coupez les racines proprement et rajoutez un nouveau terreau de feuilles. Les grenadiers doivent être taillés tous les ans pour qu'ils puissent conserver un feuillage compact.

**58 - Est-il raisonnable de vouloir cultiver sur un balcon et en pot un groseillier ?**

Le groseillier s'accommode de la culture en pot. Installez votre plante dans un grand pot rempli d'une bonne terre mélangée à du terreau. Arrosez une fois par semaine et un peu plus si le temps est chaud et ensoleillé. En hiver, réduisez les branches d'un tiers en prenant soin de conserver les tiges les plus âgées car ce sont elles qui portent les fruits. Et il vous sera possible de déguster en été de délicieuses groseilles.

**59 - Faut-il protéger les hortensias en pot pour l'hiver ?**

Il existe une grande diversité d'hortensias. Certains sont sensibles au gel, d'autres pas. En pot, les racines sont en contact direct avec le froid et à défaut de tuer la plante, cela peut nuire à son esthétique. Si vous le pouvez, emmaillotez votre pot lorsque les gelées menacent.

**60 - Après une année de culture, doit-on rempoter les hortensias ?**

On ne rempote les hortensias que s'ils en ont vraiment besoin. Si tel est le cas, on choisit un pot légèrement supérieur au premier. On le remplit d'un mélange de terreau et de terre de bruyère et on arrose. Le rempotage s'exécute à l'automne.

**61 - Un if taillé peut-il vivre en pot ?**

L'if accepte les tailles régulières. Les topiaires des jardins historiques sont souvent en ifs. Installez votre conifère dans un grand pot. Cultivez-le dans un mélange d'un tiers de terre de jardin et de deux tiers de terreau. Arrosez une fois par semaine au printemps et en été et réduisez à un arrosage toutes les trois semaines en automne et en hiver. Taillez l'if en mars ou avril puis en septembre-octobre. L'if en pot supporte mal le plein soleil. Optez pour une exposition ombragée mais lumineuse.

**62 - Je suis triste. Mon balcon ne voit jamais le soleil et je désespère de jamais y voir de fleurs. Existe-t-il des plantes fleuries qui acceptent l'ombre ?**

L'impatiens est une jolie plante annuelle qui aime le soleil mais se développe très bien à l'ombre. N'hésitez pas en été à arroser chaque jour vos potées.

**63 - Le kumquat demande-t-il beaucoup de soins ?**

Le kumquat est un agrume qui a besoin de chaleur pour fructifier. En automne et en hiver, il doit être installé dans une pièce lumineuse, fraîche et à une température moyenne de 10-12 °C. Il doit être rempoté tous les trois ans.

**64 - Mon kumquat perd beaucoup de feuilles. Est-ce normal ?**

Comme tous les agrumes, l'absence ou l'excès d'eau a pour conséquence directe la chute du feuillage. Apprenez à doser les quantités d'eau à verser chaque semaine. Votre kumquat a peut-être subi un choc thermique. Un balcon frais et ombragé le matin et chauffé par un soleil brûlant de midi, et il n'en faut pas plus pour que votre plante perde une partie de son feuillage. Il n'est pas à exclure non plus que votre kumquat abrite des acariens. Ils piquent les feuilles qui tombent ensuite. Regardez attentivement sous le feuillage et si vous constatez leur présence, arrosez le revers des feuilles.

**65 - Ma voisine a dans ses massifs des lantanas ? Est-il possible d'en cultiver sur une terrasse ?**

Les lantanas supportent difficilement la culture en pot. Ils seront beaux la première année mais cesseront ensuite de fleurir abondamment. Plantez les lantanas dans un terreau et placez les pots au soleil. Arrosez moyennement, jamais plus d'une fois par semaine. Rentrez-les avant l'arrivée du gel et conservez-les dans une pièce fraîche et lumineuse. Réduisez les arrosages de moitié.

**66 - Mon laurier rose est splendide mais devient envahissant. Puis-je le tailler ?**

La taille des lauriers roses cultivés en bac est conseillée. En automne, réduisez d'un tiers leur feuillage. Réduisez l'arrosage en hiver et recouvrez-les d'une toile en polypropylène ou d'un voile épais pendant les périodes de gel.

**67 - Est-il exact que le laurier rose est toxique ?**

Le laurier rose est une des plantes les plus toxiques de nos jardins. Il est vivement déconseillé d'en planter dans les lieux fréquentés par les enfants. Les substances produites par les feuilles provoquent de graves troubles digestifs en cas de contact avec la bouche.

**68 - Ma lavande en pot est en train de mourir malgré une exposition ensoleillée et des arrosages réguliers. Comment faire pour la sauver ?**

La lavande déteste l'excès d'eau. Réduisez sans tarder les arrosages et contentez-vous de mouiller la terre une fois par semaine. Taillez l'extrémité des tiges après la floraison. Elle peut être aussi victime d'un trop-plein d'engrais. La lavande n'en n'a nul besoin.

**69 - J'habite Paris et mon rêve est de produire des melons sur mon balcon. Rêve ou réalité ?**

Ce rêve peut devenir réalité mais ne vous faites pas trop d'illusions. Il vous sera peut-être possible d'en manger quelques-uns mais ne vous attendez pas à une grosse production ou à récolter des fruits au goût incomparable. Semez vos graines dans votre intérieur en mai. Repiquez en juin les jeunes plants dans un pot rempli de terreau. Placez le pot en situation ensoleillée. Arrosez souvent pour garder la terre fraîche et pincez les tiges dès qu'elles atteignent 20 cm. Il n'y a plus qu'à patienter.

**70 - Peut-on cultiver des mufliers en pot ?**

Les mufliers peuvent être cultivés en pot. Mais ils ont tendance à se développer dans tous les sens et les tiges semblent manquer de rigidité. La floraison est moindre que dans le jardin. Il est conseillé de planter les mufliers en mélange avec d'autres plantes.

**71 - J'aimerais conserver le muguet quand il m'est offert en pot mais je ne possède pas de jardin. Est-ce possible ?**

Il est toujours triste de jeter une plante. Une fois la floraison passée, replantez votre pied de muguet dans un pot d'une vingtaine de centimètres de diamètre rempli de terreau. Installez ensuite votre pot en situation lumineuse mais protégé des rayons du soleil. Conservez en permanence la terre humide. Il refleurira les années suivantes.

**72 - J'ai un balcon et j'aimerais qu'il soit fleuri. Je n'ai pas beaucoup de temps à consacrer aux plantes et je suis souvent absent. Que puis-je planter ?**

L'œillet est une plante qui demande peu d'arrosages. Mieux, il apprécie les périodes sans eau. Il n'exige aucune taille et tolère les ambiances urbaines. C'est la plante parfaite pour tous ceux qui n'ont pas la main verte.

**73 - J'ai reçu en cadeau un bel olivier en pot. Il trône dans mon salon à 18 °C. Cela lui convient-il ?**

Les oliviers poussent sur le pourtour méditerranéen et les nuits y sont parfois fraîches. La température parfaite pour conserver un olivier à l'intérieur de son logement et en hiver est de 10-12 °C. Au-delà il souffre et son avenir est gravement compromis.

**74 - Mon olivier doit-il être taillé ?**

Contentez-vous de supprimer les rejets qui partent à la base du tronc et de réduire d'un tiers les branches. Veillez à conserver le centre de la plante libre de toute branche pour que le soleil chauffe l'intégralité de la plante.

**75 - Quand me faut-il tailler mon oranger pour qu'il conserve sa forme en boule ?**

Il est bon de tailler légèrement les orangers en boule au début du printemps. Une deuxième coupe à la fin de l'automne lui permettra de garder tout l'hiver une apparence entretenue. Il est préférable de tailler régulièrement un oranger plutôt que de le tailler sévèrement tous les deux ou trois ans.

**76 - Les feuilles de mon oranger sont toutes sèches et tombent. Que faire ?**

L'oranger perd son feuillage lorsqu'il a soif, lorsque la terre est trop humide ou lorsqu'il est victime de chocs thermiques. Une remontée brutale des températures dans votre intérieur et votre oranger peut perdre l'ensemble de son feuillage. Si la chaleur est la cause de la chute des feuilles, rassurez-vous, il en reproduira avec le printemps.

**77 - Mon oranger en bac est couvert de fruits. Est-ce bon signe ?**

Cela atteste incontestablement que votre oranger est en grande forme. Mais cette profusion de fruits va le fatiguer. Supprimez la majorité des oranges et n'en gardez que quelques-unes.

**78 - Quel est le nom de ce petit palmier cultivé un petit peu partout et qui se plaît en bac ?**

Il s'agit très certainement du *Chamaerops humilis*, un palmier nain. Placez-le en plein soleil et protégez-le des vents froids en hiver.

**79 - Il paraîtrait que des palmiers résistent au froid. Est-ce vrai et peut-on les cultiver en pot ?**

Quantité de palmiers supportent le gel. Leur résistance est meilleure lorsqu'ils sont plantés en pleine terre et il convient de les protéger lorsqu'ils sont cultivés en pot.

Il est possible de planter le *Chamaerops humilis*, le *Washingtonia robusta* ou encore le *Trachycarpus fortunei* qui tolère les froids allant jusqu'à – 18 °C.

**80 - Mes palmiers ont le tronc criblé de trous. Est-ce grave ?**

Il y a fort à parier, si vous habitez la Côte d'Azur, que vos palmiers hébergent les larves d'un *Paysandisia archon*, un papillon originaire de l'Amérique du Sud. La chenille se nourrit de votre palmier en le dévorant de l'intérieur. Pour limiter les dégâts, introduisez dans les cavités un fil de fer pour tenter d'écraser la chenille. Les conséquences pour les palmiers sont graves et à défaut de traitement efficace, l'avenir de ces arbres sur la Côte d'Azur est compromis.

**81 - Quelques feuilles de mon palmier sont sèches. Faut-il les couper ?**

L'arbre ne le réclame pas mais votre palmier y gagnera en beauté. Les feuilles jaunies des palmiers ne reverdissent jamais.

**82 - Les feuilles de mon palmier ont perdu de leur éclat. Elles sont tachées de gris. De quoi s'agit-il et que faire ?**

Votre palmier héberge des araignées rouges. N'utilisez pas de produits, contentez-vous de pulvériser régulièrement le feuillage et son revers. Si l'attaque est importante, utilisez un jet et mouillez copieusement les feuilles en insistant sur la face inférieure.

**83 - J'ai semé dans mon jardin quelques pépins de pamplemousse et de jeunes plants sont apparus. Quand puis-je les mettre en pot ?**

Cette opération devra être effectuée avant l'arrivée du froid. Dans une terre riche, transplantez les jeunes végétaux et abritez-les tout l'hiver dans une pièce lumineuse et fraîche à une température constante de 10 °C à 14 °C.

**84 - Puis-je conserver d'une année sur l'autre mes pots de pélargoniums ?**

Oui. Il vous suffit de les rentrer avant les gelées et de les disposer dans une pièce fraîche. Les tiges sont coupées court et l'on réduit très nettement l'arrosage (on se contente de conserver la terre légèrement humide). On les replace dans le jardin lorsque les gelées ne sont plus à craindre et après les avoir rempotés.

**85 - Quelle est la différence entre des pétunias et des surfinias ?**

Les surfinias sont des plantes d'obtentions récentes. Ces jolies fleurs au port légèrement pleureur sont d'origine japonaise et sont obtenues par bouturage de pétunias. Elles furent améliorées et il en existe aujourd'hui une grande diversité.

**86 - J'ai depuis quelques années un phénix en bac. Il est beau et je me demande s'il doit être rencaissé ?**

Toutes les plantes en bacs doivent être rencaissées en moyenne tous les deux ou trois ans. Il vous faut extraire l'arbre du bac, réduire les racines de 10 ou 20 cm en fonction de la grandeur de la caisse et évacuer le terreau sur une même largeur. Rencaissez le palmier, complétez avec un mélange riche et arrosez.

**87 - J'ai semé en pot des pieds d'alouette mais ils ne tiennent pas droit et se couchent. Que faire ?**

Le pied d'alouette est une vivace qui dépasse souvent 1 m de haut. Il est indispensable de cultiver les pieds d'alouette dans des pots larges et profonds et de tuteurer les plants au fur et à mesure de leur croissance.

**88 - Je n'ai pas la main verte. Quelle plante puis-je planter sur mon balcon ? J'aimerais qu'elle soit persistante et de peu d'entretien.**

Le *Pittosporum* est une plante faite pour vous. Elle est élégante et conserve son feuillage toute l'année. Elle accepte les tailles, pousse tranquillement et tolère la sécheresse. Le *Pittosporum* doit être recouvert d'une protection quand il gèle et il n'aime pas le calcaire. N'utilisez pas l'eau du robinet pour l'arroser.

**89 - J'ai depuis cinq ans des rosiers sur mon balcon. Ils semblent dépérir. À quoi cela est-il dû ?**

Les racines de vos rosiers sont en contact avec la terre du pot, chaude en été et froide en hiver. Elles souffrent beaucoup des chocs thermiques. De plus, elles ne peuvent aller puiser en profondeur les éléments nutritifs dont elles ont besoin et malgré les apports d'engrais et vos soins, les rosiers souffrent. En pot, l'espérance de vie d'un rosier est beaucoup plus courte que s'il vivait dans votre jardin.

**90 - Je rêve de manger des salades que j'aurais cultivées sur mon balcon. Ce rêve est-il réalisable ?**

Cultiver des salades sur un balcon en ville n'est pas banal. Et pourtant, c'est possible. Choisissez des pots ou des jardinières d'une largeur minimale de 20 cm. Semez les graines dans un bon terreau de feuilles. Arrosez légèrement tous les jours et réduisez cet arrosage lorsque la salade est aux deux tiers de sa croissance. Installez les pots en situation très lumineuse mais protégée du soleil aux heures les plus chaudes de la journée. Ne mettez pas d'engrais. Produire sur son balcon n'a de sens que si l'on veut manger « bio ».

**91 - J'adore les soleils. Mais est-il raisonnable de vouloir les cultiver sur un balcon ?**

Et pourquoi pas ? Prévoyez un pot rempli de terreau et de grande contenance. Semez vos graines en avril. Les balcons étant souvent ventés, tuteurez les jeunes plants au fur et à mesure de leur croissance. Arrosez deux fois par semaine en été et tous les deux jours lors des grandes chaleurs.

**92 - Mes enfants aimeraient cultiver des tomates cerises.**

Les tomates cerises sont des plantes décoratives pour leur fructification et dont les fruits sont appréciés des enfants. Plantez vos plants lorsque les gelées ne sont plus à craindre. Arrosez une fois par semaine en prenant soin de ne pas mouiller le feuillage. Pour une bonne fructification, il est indispensable de placer le pot sous le soleil.

**93 - Comment conserver les tubéreuses cultivées en pot ?**

Les tubéreuses sont des plantes à bulbes qui exhalent une senteur délicieuse quand elles fleurissent. Coupez la hampe florale puis le feuillage quand il est sec. Contentez-vous de rentrer les pots en automne dans une pièce fraîche dont la température n'excède jamais 15 °C ni n'est jamais inférieure à 10 °C.

**94 - Peut-on accélérer la floraison des tulipes en pot ?**

Les tulipes cultivées en pot demandent les mêmes soins qu'en pleine terre. Pour accélérer leur floraison, placez les bulbes trois semaines dans le bac de votre réfrigérateur. Plantées en août, vos tulipes fleuriront pour les fêtes de fin d'année.

**95 - J'aimerais recouvrir mon balcon de vigne. Quel est le meilleur cépage ?**

Une vigne sur un balcon est décorative et le raisin sera bien évidemment un raisin de table. Le Chasselas de Fontainebleau est le cépage qui convient le mieux. Plantez-le dans un grand pot de terre de jardin. Arrosez une fois par semaine au printemps et en été et cessez tout arrosage en hiver.

**96 - Y a-t-il une période de l'année où il n'est pas indispensable de mettre de l'engrais ?**

Les plantes se reposent généralement en hiver. En cette saison, l'engrais n'est d'aucune utilité. Épandez les engrais en règle générale au printemps avant la floraison et pendant toute la période de croissance de la plante. Ne versez jamais d'engrais à une plante assoiffée.

**97 - Puis-je planter des oxalis en pot ?**

L'oxalis est une jolie fleur qui fleurit tout l'été rose, blanc ou jaune. Cette plante est parfaitement adaptée à la culture en pot mais il vous faudra prendre soin d'abriter vos plants en hiver dans un local frais et aéré.

**98 - Puis-je cultiver des fraisiers en pot ?**

Le fraisier s'accomode de la culture en pot, néanmoins il vous sera nécessaire de renouveler les plants tous les trois ou quatre ans pour obtenir une cueillette satisfaisante.

# 3 Le sol et les mauvaises herbes

**1 - Quelle est la différence entre le compost et le fumier ?**

Le compost est le produit de la décomposition des végétaux, feuilles, fruits, etc., et le fumier est issu de la déjection animale. Le compost peut être utilisé immédiatement et sans précaution particulière. Il est indispensable d'attendre que le fumier ait fermenté avant de l'utiliser pour éviter les brûlures des racines et l'enfouissement de germes nocifs aux plantes.

**2 - Est-il possible de connaître la structure d'une terre en l'examinant ?**

Tout à fait. Les terres sombres sont riches en matières organiques. Elles conviennent à la majorité des végétaux.

- Les terres collantes et lourdes sont argileuses. Elles sont imperméables et retiennent l'eau.
- Les terres sablonneuses sont légères et ne retiennent pas l'eau.
- Les terres blanchâtres sont souvent calcaires. Elles ne conviennent pas à toutes les plantes.

**3 - Qu'appelle-t-on pH ?**

Le pH est une mesure qui précise le taux d'acidité ou de calcaire d'une terre.

On dit d'un sol qu'il est neutre lorsque le pH est de 7. Au-dessus d'un pH 7, un sol est calcaire et en dessous de 7, il est acide.

**4 - Que désigne-t-on lorsque l'on parle d'une adventice ?**

Une adventice est une plante qui se développe sur un terrain sans avoir été semée. En langage courant, elle désigne une mauvaise herbe.

**5 - Mon terrain est envahi de pourpier. Comment m'en débarrasser ?**

Le pourpier est une plante vivace délicieuse en salade. Il se plaît dans les terres sèches et pauvres et peut devenir envahissant. Il existe quantité d'herbicides pour l'éliminer mais la méthode la plus naturelle reste la binette ou le couteau.

**6 - Je souhaiterais faire mon compost. Puis-je entreposer les feuilles sous mes arbres fruitiers ?**

Surtout pas. La chaleur dégagée par les végétaux en décomposition nuirait aux racines des arbres fruitiers et les bactéries, champignons ou insectes proliféreraient alors dans le verger et contamineraient les plantations. Le tas de compost doit être installé le plus loin possible des cultures.

**7 - Qu'appelle-t-on un sol alcalin ?**

Un sol alcalin est une terre qui possède un pH supérieur à 7,5. Généralement, une terre alcaline est calcaire.

**8 - Mon terrain est envahi par des fougères aigles. Comment faire pour les éliminer ?**

Est-il vraiment souhaitable d'éliminer les fougères aigles ? Ces végétaux sont splendides et leur disparition favorisera l'apparition de plantes pas nécessairement plus belles. La meilleure méthode est de les arracher à la main. Cette intervention régulière en viendra à bout en quelques mois seulement. Prenez soin de porter des gants pour ne pas vous couper les mains.

**9 - Que puis-je planter dans un sol calcaire ?**

Beaucoup de plantes vivent dans une terre calcaire. Vous avez le choix entre les ifs, les érables, les tilleuls, les noyers, les houx, les tulipiers, les cyprès chauves, les catalpas et bien d'autres arbres encore.

**10 - La terre de mon jardin est argileuse. Puis-je la corriger ?**

Les manuels horticoles vous expliquent qu'il est possible de corriger la structure d'un sol. Mais il faut prendre conscience qu'une telle tâche sera à reproduire chaque année et deviendra rapidement coûteuse. Une règle simple s'impose : on n'adapte pas les terres aux végétaux que l'on désire mais on choisit les plantes en fonction du sol. Les végétaux qui acceptent les terres argileuses existent. Plantez-les en priorité. Mais si vous souhaitez néanmoins améliorer votre terre, envisagez la pose de drains pour évacuer l'eau en excès et épandez tous les ans 100 g de chaux au mètre carré.

**11 - Je suis propriétaire de mon terrain. Ai-je le droit de creuser un puits ?**

Oui, mais sous réserve que la profondeur de ce puits n'excède pas 10 m. Au-delà, il est conseillé de se renseigner auprès de sa mairie. Le propriétaire d'un puits est tenu de respecter les arrêtés préfectoraux qui interdisent certains étés l'arrosage du jardin ou le nettoyage des voitures.

**12 - Mon voisin me propose du fumier de cheval. Est-ce que je peux l'utiliser immédiatement ?**

Il n'est jamais bon d'utiliser du fumier frais. Dès réception, mettez votre fumier en tas et remuez-le de temps à autre. Au bout de quelques semaines, il amendera vos cultures efficacement.

**13 - Est-il conseillé de pailler ses massifs avec les aiguilles de cèdre ?**

En se décomposant, les aiguilles de cèdre vont se dégrader et transformer la structure du sol.

Les aiguilles de conifères produisent une terre acide qui convient à peu de végétaux excepté les plantes de bruyère.

**14 - J'observe souvent dans la forêt des petites plantes qui ressemblent à des fraises mais qui n'en sont pas. Les fruits sont-ils comestibles ?**

Le faux fraisier s'appelle en réalité *Duchesnea indien*. En présence de cette plante, il faut surveiller les enfants car les fruits ne sont pas comestibles et peuvent créer des troubles digestifs.

**15 - Le labour d'automne est-il utile ?**

Depuis toujours, les hommes labourent en automne et pour de bonnes raisons. Cette action permet à l'eau d'infiltrer la terre tout l'hiver et de réduire sa stagnation. Le labour décompacte les sols et allège les terres. De plus, les parasites vivant dans la terre se retrouvent en contact avec les gelées hivernales et beaucoup n'y résistent pas.

**16 - Mon terrain est envahi d'ambroisies et mon voisin prétend que cette plante est toxique. Qu'en est-il ?**

L'ambroisie est une plante nocive. Son pollen est particulièrement allergène et il convient de s'en débarrasser. L'arrachage aura lieu en juillet au plus tard avant que ce végétal ne produise ses graines.

**17 - Mon terrain est envahi de ficaires. Comment m'en débarrasser ?**

Les ficaires fleurissent jaune et apprécient les terres humides. Elles produisent dans le sol des tubercules difficiles à détruire. Il est bien sûr possible d'appliquer des désherbants chimiques mais cela est-il vraiment intéressant ? Si vous la détruisez, une autre plante peut-être moins jolie s'installera à sa place. Conservez à votre jardin son aspect naturel et si vous souhaitez quand même le « nettoyer », utilisez une binette ou une houlette.

### 18 - Quelle est la meilleure période pour enfouir du terreau dans mon jardin ?

Le terreau est le meilleur des engrais et le plus propre même s'il contient généralement quantité de graines qui germeront rapidement. Son épandage ou son enfouissement se fait toute l'année.

### 19 - Je dépose la cendre de ma cheminée dans le jardin. Est-ce vraiment efficace ?

La cendre contient de la potasse. La potasse est principalement profitable aux arbres du verger. Elle favorise la solidification des rameaux et la production florale et fruitière. Mais pour que l'apport de cendre profite à la plante, il faut en épandre beaucoup, environ 500 g au mètre carré.

### 20 - Quel est l'intérêt du chaulage ?

Le chaulage corrige l'acidité du sol et décompacte les terres lourdes. La chaux est épandue en automne, avant le bêchage. Pour être efficace, cette opération est à renouveler chaque année. Il est bon de savoir qu'il ne faut pas chauler une terre qui a reçu du fumier ou qui est destinée à la culture des pommes de terre.

Et souvenez-vous qu'il est toujours préférable de choisir les plantes en fonction du sol et de ne pas vouloir systématiquement adapter le terrain aux végétaux.

### 21 - On trouve parfois dans les mélanges terreux vendus dans le commerce des petites boules blanches. À quoi servent-elles ?

Il s'agit de la perlite. La perlite est une roche volcanique concassée puis chauffée à très haute température. Elle favorise l'aération de la terre, allège le sol et contient du calcium, potassium et autres éléments bénéfiques au substrat.

### 22 - Le marc de café peut-il être utilisé comme engrais ?

Ce n'est pas vraiment un engrais. Comme pour les hommes, on peut parler d'excitant. Le café est un stimulant qui agit sur les hormones et favorise l'apparition des nouvelles racines. Le thé offre les mêmes avantages.

**23 - Que signifie sur les sacs d'engrais le sigle NPK ?**

Ces trois lettres désignent l'azote (N), l'acide phosphorique (P) et le potassium (K).

L'azote accélère la croissance des plantes, l'acide phosphorique bénéficie aux racines et le potassium est un élément utile à la fructification. Le sigle NPK indique la teneur présente dans l'engrais des éléments décrits ci-dessus.

**24 - Est-il possible d'utiliser toutes les feuilles du jardin pour fabriquer du compost ?**

La quasi-totalité des feuilles de nos arbres convient au compost. Évitez néanmoins les feuilles de platanes longues à se dégrader. Ne mettez pas les feuilles de noyers qui produisent des substances nocives aux autres végétaux et débarrassez-vous des feuilles des arbres fruitiers qui contiennent souvent insectes, maladies et champignons.

**25 - Mon jardin est envahi par les taupins. J'ai essayé en vain plusieurs produits. Que faire ?**

Les taupins sont de gros coléoptères. Leurs larves sont redoutables et font de gros dégâts sur les plantations. Si votre terrain est en pelouse ou en jardin paysager, il n'y a pas de problème. Si vous avez l'intention d'en faire un potager, les larves vont s'attaquer à vos pommes de terre, salades, carottes, haricots et même vos fraisiers. Pour limiter leur propagation, bêchez avec l'arrivée de l'automne pour que le gel hivernal détruise une partie de la population. Profitez du bêchage pour évacuer les larves visibles. Et si vous êtes allergique aux pesticides, plantez des radis ou des tomates. Les taupins ne s'y intéressent pas.

**26 - Qu'appelle-t-on un engrais vert ?**

Un engrais vert est une plante produite pour être ensuite enfouie. Sa décomposition dans le sol améliore sa teneur en azote. Les principales herbes utilisées comme engrais vert sont le trèfle, la luzerne ou la moutarde et toutes les plantes de la famille des Légumineuses.

**27 - Faut-il protéger le tas de compost de la pluie ?**

Le compost a besoin d'humidité pour se décomposer. Il ne faut pas hésiter à l'arroser pendant les périodes de sécheresse et à le retourner régulièrement. Le protéger est sans intérêt sauf si vous y avez incorporé du fumier. Dans ce cas, les pluies disperseraient dans le sol l'azote souvent responsable de pollutions souterraines.

**28 - On parle de plus en plus du désherbage thermique. De quoi s'agit-il ?**

Le désherbage thermique est un procédé qui fonctionne au gaz. Il produit sur le sol une forte chaleur et le choc thermique détruit la majorité des plantes et des graines. Ce procédé qualifié de propre a encore besoin d'être amélioré car son utilisation n'est pas toujours aisée et il exclut des traitements les racines des adventices profondément installées dans le sol.

### 29 - Faut-il bêcher son terrain tous les ans ?

Il est souhaitable de retourner sa terre en automne lorsque celle-ci est cultivée et reçoit des fleurs ou des légumes. Le bêchage détruit une partie des larves et insectes du sol, décompacte les terres et favorise la croissance des racines et la pénétration des eaux de pluie dans le sol.

### 30 - Existe-t-il une méthode écologique pour tuer les mauvaises herbes sur une terrasse ou une allée ?

Cette méthode existe et est très peu employée. Versez sur les plantes indésirables l'eau de cuisson des pâtes et autres mets. Simple, économique et sans conséquence sur l'environnement.

### 31 - J'ai un terrain envahi de prêle. Comment faire pour m'en débarrasser ?

La prêle a mauvaise réputation. Elle est accusée de dégrader les sols. Il n'en est rien. Cette herbe se développe souvent là ou les autres plantes ne peuvent vivre. La prêle tolère les sols pollués et résiste à tout, même aux désherbants chimiques. Tuer la prêle n'améliorera pas votre terre et sa disparition ne favorisera pas l'arrivée des autres plantes.

### 32 - Je souhaite acheter un terrain que j'ai visité en juillet. L'actuel propriétaire me parle d'un sol sec mais j'ai constaté la présence de nombreuses prêles. Que dois-je en déduire ?

Vous devez en déduire que l'eau n'est pas très loin. La prêle pourrait être classée parmi les plantes aquatiques. Cette adventice s'adapte aux conditions climatiques. Elle produit des racines qui descendent profondément à la recherche de l'eau. Pas d'eau à proximité, pas de prêle. La terre que vous convoitez est certainement sèche en été et en surface mais il y a fort à parier qu'elle devient très humide avec les premières pluies automnales.

### 33 - Faut-il éliminer les cailloux d'un terrain que l'on souhaite cultiver ?

Retirer tous les cailloux peut être un travail long et fatigant. Les cailloux sont éliminés en surface lorsque l'on crée une pelouse et évacués au fur et à mesure des travaux dans le potager. Les pierres ne sont en rien une gêne pour les plantes mais se révèlent une contrainte voire un danger lors de l'emploi des engins mécanisés.

# 4 La pelouse

**1 - Existe-t-il des produits efficaces pour supprimer la mousse qui envahit ma pelouse ?**

La mousse est favorisée par l'humidité et l'ombrage. Si votre gazon est à l'ombre et semé dans une terre humide, la mousse reviendra quel que soit le produit utilisé. De plus, les produits à base de sulfate de fer, s'ils détruisent la mousse après application, transforment la structure du sol, l'acidifient et favorisent sa réapparition les années suivantes.

Lorsqu'il est impossible de produire un gazon, il est bon d'envisager la plantation de plantes rampantes ou de fleurs en été.

**2 - Il est souvent indiqué sur les sacs de graines de gazon que le mélange contient du ray-grass. En quoi est-ce utile de le savoir ?**

Une pelouse est composée de plusieurs espèces de graminées. Le ray-grass est une herbe qui offre l'avantage de lever rapidement et de couvrir le terrain avant que les mauvaises herbes ne l'envahissent. Sa vie est courte, environ trois ans, mais c'est suffisant pour permettre aux autres plantes de s'installer pour longtemps.

**3 - Quelles sont les herbes qui composent un gazon ?**

Les espèces les plus présentes dans les graines de gazon sont :

- *Les fétuques* : croissance lente et bonne résistance à la sécheresse.
- *Les pâturins des prés* : bonne résistance à la sécheresse et au piétinement.
- *Les pâturins des bois* : tolèrent les espaces ombragés.
- *Les agrostis* : résistent au gel et conservent tout l'hiver une belle teinte verte.

**4 - Quelle est la meilleure période pour semer le gazon ?**

Il faut attendre que la terre soit réchauffée pour semer. La meilleure période est avril et mai. Les semis d'été en août et septembre donnent aussi de bons résultats mais il faut veiller à arroser régulièrement et éloigner les oiseaux friands des graines. Il sera possible de semer en automne mais la pelouse sera fragile tout l'hiver et le terrain restera meuble jusqu'au printemps.

**5 - Quelle quantité de gazon faut-il semer ?**

Les quantités sont toujours indiquées sur les emballages. En règle générale, prévoyez 30 à 60 g au mètre carré.

**6 - Existe-t-il des gazons qui ne se tondent pas ?**

Il est possible de semer des herbes qui poussent lentement mais il n'existe pas de pelouse qui n'ait pas besoin d'être tondue.

**7 - Qu'appelle-t-on « ralentisseurs de croissance » ?**

Les ralentisseurs de croissance sont des produits qui ralentissent la pousse des plantes. Avant d'en épandre, il faut se souvenir qu'une pelouse souffre souvent du piétinement, des aléas climatiques ou de la présence sous terre de quelques indésirables. Une croissance ralentie rendra longue et aléatoire une remise en état après dégradations. Il est déconseillé d'en utiliser.

**8 - J'ai au milieu de ma pelouse un cercle pas tout à fait régulier. L'herbe est jaune. De petits cercles sont également visibles à proximité. De quoi s'agit-il ?**

L'essence brûle le gazon. Le réservoir de la tondeuse a très certainement été rempli sur la pelouse et du carburant a coulé sur l'herbe. Il n'y a pas grand-chose à faire. Laissez faire le temps et les herbes se réinstalleront naturellement. Pour accélérer le processus, arrosez copieusement les jours suivants. Il est aussi possible de gratter la couche superficielle, de compléter avec du terreau et de semer. Il faut se rappeler que le remplissage en carburant des tondeuses s'effectue toujours dans les allées.

**9 - J'ai observé sur ma pelouse un curieux phénomène. Une partie sombre dessine un cercle sur lequel poussent des petits champignons. De plus, ce cercle semble s'agrandir. De quoi s'agit-il ?**

Les cercles sont causés par des champignons souterrains. Ce curieux phénomène est appelé « ronds de sorcière ». Les petits champignons épuisent le sol sur lequel ils poussent. Ils ne peuvent vivre qu'en progressant sur des terres qui leur sont favorables. Ils se dirigent donc vers l'extérieur. Il est bien sûr possible de traiter avec des fongicides mais il faut surtout réduire les arrosages. En laissant la pelouse quelques centimètres plus haut, les traces s'estompent. Les ronds de sorcières sont très visibles à certaines périodes de l'année et disparaissent périodiquement. Parfois, de petits champignons blancs se développent hors de terre. La tondeuse suffit à les déloger mais pour quelque temps seulement.

**10 - Qu'appelle-t-on la maladie du fil rouge ?**

La maladie du fil rouge est une maladie cryptogamique qui s'attaque prioritairement au gazon tondu régulièrement. Elle se manifeste par l'apparition de filaments rougeâtres sur des petites touffes d'herbes. Les fongicides existent pour se débarrasser des champignons responsables mais les dégâts occasionnés sont limités et sans conséquence sur l'avenir de la pelouse. Il suffit d'arracher à la main les touffes atteintes. Pour limiter la propagation de la maladie du fil rouge, il est conseillé d'aérer le gazon et de le scarifier tous les ans.

**11 - Faut-il retourner la terre pour semer un mélange champêtre ?**

Il est toujours préférable de travailler le sol pour y semer des graines de fleurs des champs. Mais il est aussi possible de semer à la volée pour regarnir un espace gazonné. Arrosez après le semis et méfiez-vous des oiseaux, ils risquent d'apprécier les graines.

**12 - Qu'appelle-t-on un gazon suisse ?**

Ce terme est peu employé aujourd'hui. Un gazon suisse est un mélange de graines classiques auquel il a été rajouté un semis de pâquerettes. Cela offre une pelouse joliment fleurie qui rappelle les prairies des alpages.

**13 - Quels sont les bulbes que je peux planter dans mon gazon ?**

Il vous est possible de laisser en terre toute l'année les bulbes de narcisses et de crocus. Ils fleuriront au printemps. Seule contrainte : attendre que le feuillage soit jaune avant de tondre la pelouse.

**14 - Mon voisin me conseille d'arroser ma pelouse tous les jours.**

Votre voisin a tort. L'eau est précieuse et votre gazon n'a pas besoin de grosses quantités d'eau. Pire, cet excès encourage les racines à rester en surface et favorise l'apparition des mousses et champignons. Un gazon bien implanté et jauni après une sécheresse reverdira sitôt la pluie revenue.

### 15 - Combien de temps faut-il attendre pour tondre une pelouse qui vient d'être semée ?

La première tonte s'effectue lorsque les herbes atteignent 8 à 10 cm. L'attente est donc fonction du sol, de l'humidité de la terre et bien sûr de la saison. Elle peut varier de quinze jours au printemps à un mois le reste de l'année.

### 16 - Mon gazon est depuis peu envahi de trèfles. Comment m'en débarrasser ?

Le trèfle colonise souvent les pelouses. Ses racines enrichissent le sol. En éliminant le trèfle, vous favoriserez l'extension d'une nouvelle graminée. Est-ce le but ? Bien tondue, une pelouse ne souffre pas de cette présence quasi invisible. Pour les amateurs de gazons impeccables, seuls les désherbants sélectifs sont efficaces.

### 17 - Quelle est la hauteur idéale pour une pelouse ?

Il n'existe pas de hauteur idéale. Tout dépend de l'aspect que vous souhaitez offrir à votre pelouse et à votre jardin. Si vous souhaitez un gazon anglais, coupez l'herbe à 3 cm. Pour une pelouse d'agrément classique, laissez les herbes atteindre 5 ou 6 cm. Pour les prairies champêtres, ne fauchez qu'en juin pour profiter de la floraison printanière.

### 18 - Comment se débarrasser du chiendent ?

Les désherbants sélectifs éliminent les plantes qui ne sont pas des graminées. Le chiendent appartient à cette famille. Lorsque vous préparez le terrain, éliminez à la main les racines apparentes et une fois la pelouse installée, arrachez le chiendent avec un couteau. Cette technique est éprouvante mais les résultats sont visibles et une pelouse correctement entretenue contiendra d'elle-même l'arrivée des nouveaux chiendents.

### 19 - Faut-il ramasser l'herbe après la tonte ?

Il est toujours préférable de tondre souvent et de laisser l'herbe coupée sur une pelouse que tondre peu et évacuer les déchets de tonte. Une herbe coupée se dégrade et produit de l'azote utile à la pelouse. Lorsque cette coupe est fréquente, les brins sont de petites dimensions et n'altèrent en rien la beauté de votre gazon.

### 20 - Peut-on laisser les feuilles mortes sur un gazon ?

Les feuilles qui tapissent le sol à l'automne contribuent à la beauté du jardin en cette saison. Mais il faudra les évacuer avant l'hiver. Elles favorisent l'apparition des moisissures et champignons par temps humide et si l'épaisseur est importante, elles étouffent les herbes. Le gazon jaunit alors et reste inesthétique jusqu'au printemps.

**21 - J'ai un gazon sur une terre sableuse. La graine de gazon meurt de façon importante. À quoi est-ce dû ?**

Gazon et sable ne font pas bon ménage. Le sable ne retient pas l'eau et pour peu que la saison soit sèche, les graines lèveront mais les jeunes herbes ne s'enracineront pas. Il est bon pour améliorer le semis d'incorporer au sol du terreau ou de la tourbe et de le semer au début du printemps lorsque les grosses chaleurs ne sont pas encore à craindre.

La fétuque rouge et le ray-grass sont les semences à employer en priorité pour leur faculté à germer et à se maintenir dans les terres sableuses.

**22 - Comment se débarrasser des pissenlits ?**

Les pissenlits produisent des feuilles horizontales qui échappent aux lames des tondeuses. Le couteau est l'idéal si, bien sûr, la surface de la pelouse l'autorise. À défaut, et seulement si la pelouse est soignée et entretenue régulièrement, un désherbant sélectif sera efficace.

**23 - Comment éliminer les taupinières ?**

Les taupinières sont simples à éliminer. Il suffit simplement de repousser la terre dans la galerie en s'aidant du jet d'eau. Simple et pratique. Cette technique n'éloigne en rien les taupes, elles savent nager.

**24 - Ma pelouse est envahie d'aoûtats. Que faire ?**

Les aoûtats sont des petites araignées noires aux piqûres douloureuses. Ces araignées aiment les atmosphères sèches et se manifestent principalement en été, d'où leur nom. Arrosez votre pelouse, elles détestent l'eau. Ce geste devrait suffire à les éloigner pour quelque temps. N'oubliez pas d'arroser les haies à proximité, c'est souvent dans leur branchage qu'elles élisent domicile.

**25 - Que signifie scarifier une pelouse ?**

La scarification consiste à couper une partie des racines des graminées de la pelouse et à la débarrasser de la mousse. Les scarificateurs sont simples d'utilisation et sont en location dans la majorité des points de vente spécialisés.

**26 - L'eau de pluie reste longtemps sur ma pelouse avant de disparaître. Mon gazon en souffre. Que faire ?**

Votre terre est compacte. Les racines ont du mal à se développer et l'eau qui stagne longtemps prive les plantes de l'oxygène indispensable à leur équilibre. Il vous faut aérer la terre. Si la surface enherbée est de petite dimension, il vous suffit d'enfoncer profondément et tous les 20 cm les dents de la fourche bêche. L'eau pénétrera le sol avec facilité. Il existe du matériel adapté aux grandes surfaces. L'aération des sols se fait généralement à l'automne.

### 27 - Ma pelouse vient d'être semée et elle est déjà pleine de renouée du Japon. Comment l'éliminer ?

La renouée du Japon est une plante vivace qui résiste peu aux coupes répétitives. En fin de saison, vous devriez ne plus en voir sur votre gazon.

### 28 - Combien de fois par semaine faut-il tondre une pelouse pour qu'elle soit belle ?

La croissance d'une pelouse est fonction de la saison, de la chaleur, de l'ensoleillement et de l'humidité de la terre. De plus, la tonte sera fonction de l'apparence que l'on souhaite donner à son jardin. En règle générale, une pelouse se tond une fois par semaine au printemps et une fois toutes les deux semaines en été. La fréquence de coupe est plus importante sur les gazons qui bénéficient d'un arrosage intégré.

### 29 - Je constate après avoir tondu ma pelouse que l'extrémité des brins d'herbe jaunit. Pourquoi ?

Il est indispensable de veiller à affûter régulièrement la lame de sa tondeuse pour éviter une coupe hachée qui produit ce jaunissement.

### 30 - Mon jardin est fréquenté par de nombreux enfants. Quelle est la constitution idéale d'une pelouse pour résister au piétinement ?

Un gazon idéal pour résister au piétinement est composé à part égale de ray-grass, de fétuques des prés et de pâturins des prés.

# 5 Le potager

**1 - Qu'appelle-t-on la rotation des cultures ?**

La rotation des cultures consiste à ne pas faire pousser deux années de suite le même légume au même endroit. Cette alternance permet au sol de se reconstituer et de restituer aux futures plantations les éléments nutritifs indispensables à leur croissance.

**2 - À quelle date doit-on planter l'ail ?**

Il est possible de planter les caïeux dès le mois d'octobre dans les terres légères et il est prudent d'attendre le mois de février lorsque le sol est lourd et dur à travailler. Les caïeux sont des petits bulbes produits par un bulbe principal.

**3 - Le feuillage et les bulbes de mon ail pourrissent. Que faire ?**

L'ail redoute les terres humides et les fumures organiques. Cultivez l'ail là où les risques de stagnation d'eau ne sont pas à craindre et veillez à le laisser sécher au soleil avant de l'entreposer dans un local frais et sec.

**4 - J'ai remarqué sur le feuillage de mon ail des taches de couleur rouille.**

Il s'agit d'un champignon qui s'appelle justement la rouille. Il est souhaitable de traiter la plante avec de la bouillie bordelaise. Ce traitement ne sera effectué que si les attaques nuisent à la récolte.

**5 - À quelle profondeur plante-t-on les petits bulbes d'ail ?**

Les petits bulbes ou gousses se plantent à environ 4 cm dans la terre. Il est déconseillé de planter de l'ail deux années de suite au même emplacement.

**6 - L'aneth que j'ai récolté n'a aucune saveur. Pourquoi ?**

Peut-être avez-vous planté vos pieds d'aneth près d'un plant de fenouil. Cette proximité de culture fait perdre aux deux plantes leur saveur. L'aneth sait heureusement se faire apprécier par d'autres végétaux. Les graines d'aneth favoriseraient la levée des graines de carottes lorsqu'elles sont semées en mélange.

**7 - Je souhaiterais repiquer dans mon jardin quelques plants d'aneth que j'élève en pot mais je n'y arrive pas. Les pieds meurent systématiquement. Que faire ?**

L'aneth est une plante aromatique qui produit de minuscules racines. Celles-ci sont très fragiles et ne survivent pas une fois extraites du sol. Pour votre jardin, il vous faut semer de nouvelles graines.

**8 - J'ai planté des arroches et les pieds sont splendides. Malheureusement, le goût des feuilles n'est pas agréable. Pourquoi ?**

Les arroches produisent des feuilles consommables au printemps et en été. Ces plantes sont de culture simple et peu exigeantes. Il faut néanmoins récolter les feuilles dès qu'elles atteignent une quinzaine de centimètres et avant que le plant ne fleurisse. À défaut, le goût se transforme et les feuilles deviennent aigres et désagréables.

**9 - J'habite le Nord de la France. Mes pieds d'artichauts supporteront-ils le froid ?**

L'artichaut est frileux et doit être protégé en hiver. Le pied sera butté et paillé et les tiges qui ont fleuri seront coupées. L'ensemble de la plante pourra être emmailloté par une toile en polypropylène ou avec un tissu épais non tissé.

**10 - J'ai observé sur le feuillage et sur les tiges de mes artichauts des galeries qui semblent avoir été creusées par des insectes. De quoi s'agit-il ?**

Vos pieds sont la proie des noctuelles. Ces chenilles creusent des galeries dans les nervures des feuilles et n'épargnent pas les tiges. Seul un traitement insecticide pourra les détruire mais le traitement ne sera effectué que si la santé de l'artichaut est menacée.

**11 - Je viens de planter des artichauts. Les pieds sont-ils productifs la première année ?**

Les artichauts fleurissent dès la première année de plantation mais la production ne sera vraiment appréciable qu'après quatre années de culture.

**12 - Que nomme-t-on « griffe » ?**

La griffe est un rhizome qui définit la tige souterraine de l'asperge.

**13 - J'ai cueilli toutes les pousses de mes asperges et depuis elles ne produisent plus.**

La jeune asperge est fragile et il ne faut jamais récolter l'ensemble des pousses. La première année, ne prélevez pas plus de trois asperges.

**14 - Mes asperges sèchent et rougissent. Existe-t-il un traitement ?**

Vos asperges souffrent de fusariose, un champignon. Pour éviter qu'il ne réapparaisse et avant toute plantation, plongez vos griffes quelques minutes dans un récipient rempli d'eau de Javel.

**15 - J'ai planté des asperges il y a déjà dix ans. Elles produisent toujours. Faut-il les remplacer ?**

Pourquoi remplacer des végétaux qui produisent ? Les asperges peuvent produire plus de quinze ans et il sera alors temps d'en changer si les récoltes s'amenuisent.

**16 - Les aubergines tolèrent-elles les expositions peu ensoleillées ?**

Les aubergines apprécient la chaleur et réclament un bon ensoleillement pour se développer et produire.

**17 - Doit-on tailler les pieds d'aubergines ?**

La taille de l'aubergine est indispensable si l'on souhaite en récolter en quantité satisfaisante.

Ne conservez qu'une tige principale et supprimez toutes les tiges secondaires. Coupez la pousse qui se développe au-dessus de la fleur. Cette taille favorise le démarrage de nouvelles pousses. Conservez-en deux ou trois parmi les plus vigoureuses.

**18 - Quand peut-on planter en pleine terre des pieds d'aubergines ?**

Les aubergines se sèment en godet au début du printemps. Ces godets seront protégés du froid. Les pieds seront repiqués dans le jardin au début de l'été, après les dernières gelées.

**19 - J'ai observé plein de petits insectes rouges dans mes pieds d'aubergines.**

Il ne s'agit pas d'insectes mais d'araignées, des araignées rouges. Il suffit d'arroser à l'eau le revers du feuillage pour s'en débarrasser.

**20 - Malgré les soins apportés, mes aubergines sont amères. Pourquoi ?**

Pour éviter ce goût amer, l'aubergine se cueille lorsque la couleur de sa peau est violette et avant qu'elle ne devienne presque noire. Il est indispensable de prélever le fruit avec son pédoncule.

**21 - Je n'arrive pas à semer du basilic. Pourquoi ?**

Le semis de basilic est capricieux et les résultats rarement satisfaisants. Procurez-vous dans le commerce des plants vendus en godets.

**22 - Faut-il couper les fleurs du basilic ?**

Les fleurs du basilic épuisent la plante. Sitôt leur apparition, coupez-les. Leur suppression permettra à la plante de conserver un feuillage compact et de produire de nouvelles pousses aux qualités vraiment aromatiques.

**23 - Quand sème-t-on les betteraves ?**

Les betteraves se sèment de mars à avril dans des terres légères et riches. Elles se récoltent à partir du mois d'octobre.

**24 - J'ai récolté beaucoup de betteraves mais certaines pourrissent. Que faire ?**

Les betteraves se conservent longtemps à condition de les avoir entreposées une fois séchées. Lorsque vous les arrachez, laissez-les plusieurs jours sous le soleil. Si la météo vous interdit de le faire à l'extérieur, étalez vos betteraves à l'abri de la pluie en prenant soin d'éviter qu'elles ne se touchent.

**25 - Quand faut-il semer les betteraves rouges si je souhaite en récolter dès le mois d'août ?**

Il est nécessaire d'attendre la fin des gelées et le réchauffement de la terre pour semer les betteraves rouges. Dans les régions du sud de la Loire, il vous sera possible de mettre en terre les graines dès le début du mois d'avril et conseillé d'attendre la fin de ce même mois dans les autres régions.

**26 - Est-il trop tard en juillet pour semer des bettes ?**

Il n'est pas trop tard mais il ne faut plus perdre de temps. Les bettes se sèment d'avril à juillet. N'oubliez pas de conserver la terre humide et d'arroser les pieds tous les soirs par temps chaud. Il est encore possible d'en semer jusqu'en septembre mais cette culture est réservée aux régions où les hivers sont cléments.

**27 - Mes carottes sont de petite taille et de forme bizarre.**

Les carottes aiment les terres légères. Des semis denses et non éclaircis limitent leur croissance. Les terres compactes ou pierreuses leur donnent ces aspects tortueux.

**28 - Mes carottes sont creusées de petites galeries. De quel animal s'agit-il ?**

Il s'agit de la larve de la mouche de la carotte, larve jaune qui atteint 1 cm de long. Il existe des produits pour s'en défaire mais la lutte biologique existe (voir ci-dessous).

**29 - Existe-t-il une méthode propre pour se protéger de la mouche de la carotte ?**

La mise en place d'un voile uni sitôt le semis effectué limite considérablement les risques d'attaque de la mouche de la carotte. La plantation à proximité de poireaux, d'oignons ou d'aneth éloignerait aussi l'insecte indésirable.

**30 - À partir de quand puis-je semer des carottes ?**

Les carottes se sèment dans le jardin au début du printemps mais il est possible d'anticiper la récolte en les cultivant dès le mois de février sous châssis.

**31 - Peut-on semer plusieurs années de suite des carottes dans la même parcelle potagère ?**

Il est plus que recommandé d'alterner les cultures. En pratiquant la rotation des cultures et, en particulier celle de la carotte, vous limiterez la propagation des champignons responsables de la pourriture des racines.

**32 - Le céleri résiste-t-il au froid ?**

Le céleri branche est sensible au froid et il doit être protégé par un buttage. Le céleri-rave doit être récolté avant les gelées automnales.

**33 - Mes graines de céleri sont toujours longues à germer. Peut-on améliorer le semis ?**

Les graines de céleri ont besoin d'un sol humide pour germer. Il est même conseillé de laisser les graines tremper un ou deux jours dans l'eau avant de les semer. Cette méthode est aussi efficace pour les graines de persil.

**34 - Comment fait-on blanchir le céleri branche ?**

Un céleri branche prend toute sa saveur lorsque les tiges sont blanches. Pour cela, il vous suffit d'entourer le pied de tuiles ou d'ardoises ou de tout autre matériau capable d'empêcher le soleil d'atteindre la base de la plante.

**35 - Le céleri-rave réclame-t-il beaucoup d'eau ?**

Le céleri-rave est un légume qui a besoin de beaucoup d'eau pour produire abondamment. Maintenez la terre humide en permanence et paillez la terre si votre région est sujette aux sécheresses.

**36 - J'ai semé du cerfeuil mais il n'a pas tardé à fleurir. Existe-t-il un truc pour éviter sa floraison ?**

Les feuilles et les tiges du cerfeuil doivent être cueillies avant floraison. Pour avoir le temps de profiter de vos plantations, semez le cerfeuil le plus tôt possible au printemps et installez-le dans un endroit peu ensoleillé mais lumineux.

### 37 - Comment obtient-on des chicorées ou pissenlits aux feuilles bien blanches ?

Le blanchiment des feuilles atténue l'amertume des feuilles des chicorées ou des pissenlits.
Regroupez l'ensemble des feuilles et attachez-les avec un lien en rotin ou une petite ficelle. Privées de soleil, les feuilles deviendront blanches en quelques jours pour la chicorée et en deux ou trois semaines pour les pissenlits.

### 38 - À quel moment doit-on semer les chicorées ?

Les chicorées détestent les sols récemment fumés. Semez vos plants en avril pour les chicorées d'été et en juin pour les chicorées d'hiver. Celles-ci seront cultivées sous tunnel pour être protégées des gelées automnales et hivernales.

### 39 - Mes choux sont envahis de puces blanches. Que faire ?

Les choux sont souvent la proie des noctuelles ou des piérides, des papillons. D'après votre description, il doit s'agir du puceron cendré. Il pique le feuillage et provoque sa déformation.
Le traitement ne sera effectué que si les dégâts justifient l'application d'un pesticide.

### 40 - Mes choux sont dévorés par des petites chenilles. Existe-t-il une méthode respectueuse de l'environnement pour s'en débarrasser ?

Vos choux sont attaqués par la piéride du chou, une chenille vorace. Il n'existe pas de méthode propre pour s'en débarrasser mais il existe une technique pour les tenir à distance. La piéride doit grimper le long de la tige pour s'installer sur les feuilles. Il existe dans le commerce des collerettes cartonnées à disposer autour du pied. Ces collerettes empêchent la chenille de progresser et vos choux sont épargnés. Cette protection est à mettre en place au printemps et sera enlevée au début de l'été. Il est aussi conseillé, comme pour les pucerons, de planter des capucines à proximité. Les piérides les coloniseront et il vous sera possible de les détruire avec facilité.

### 41 - Quelle est la meilleure période pour semer le chou brocoli ?

Il est conseillé d'espacer les semis de choux brocolis pour les récolter du début de l'été à la fin de l'automne. Il est possible de semer en pleine terre dès le mois d'avril et jusqu'à la fin du mois de juillet. S'il est nécessaire d'attendre la fin des gelées avant de mettre en terre les graines, il est possible de récolter tout l'hiver les choux brocolis car ces légumes ne sont pas sensibles au gel, même important.

**42 - Les pousses de mes choux rouges sont criblées de trous et dévorées. Quel est l'insecte responsable des dégâts ?**

Le chou est sensible aux attaques d'insectes et en particulier l'altise qui se nourrit des jeunes plantules. Il existe dans le commerce beaucoup de produits efficaces contre l'altise mais ces produits sont toxiques et ils ne doivent être utilisés que si les dégâts sont importants.

**43 - Mes choux-fleurs semblent souffrir de la chaleur.**

Les choux-fleurs sont des légumes fragiles. Il est indispensable de les arroser copieusement en été et vivement conseillé de pailler le sol pour limiter l'évaporation de l'eau et conserver au frais le pied des choux-fleurs.

**44 - Comment faire pour être sûr que mes choux-fleurs seront d'un blanc parfait ?**

Pour conserver la blancheur des choux-fleurs, il suffit de lier autour de la pomme le feuillage qui protégera celle-ci des rayons du soleil.

**45 - Quelle est la meilleure période pour semer des choux-fleurs ?**

Il est possible de semer des choux-fleurs dès le mois de janvier dans des godets et dans un local lumineux et chauffé. Ils seront repiqués dans le jardin en mars.

**46 - Peut-on cultiver des choux-fleurs dans le nord de la France ?**

C'est tout à fait possible à condition de les protéger du gel. Les choux-fleurs apprécient les hivers cléments. Pour les régions du nord de la France, il convient de couvrir les pieds par un paillage de feuilles mortes ou d'installer sur la plante un voile épais qui sera enlevé sitôt les températures positives revenues.

**47 - Je n'arrive pas à récolter des choux de Bruxelles. À défaut de petits choux, la tige produit comme des petites fleurs.**

Les choux de Bruxelles n'aiment pas les sols trop riches. Dans des terres fumées, ils produisent des petits départs sans intérêt et fleurissent prématurément. Il faut cesser tout épandage d'engrais.

**48 - Les feuilles de mes choux de Bruxelles jaunissent. Faut-il les supprimer ?**

La suppression du feuillage jauni permet un meilleur ensoleillement des petits choux, aère la tige de la plante et limite les risques d'attaques cryptogamiques.

**49 - Je sème mes choux-raves dès le mois d'avril en pleine terre. J'aimerais pouvoir en récolter**

**plus tôt dans la saison. Comment faire ?**

Il vous est possible de hâter la cueillette des choux-raves en les semant sous abri dès le mois de février. Les jeunes plants seront repiqués en pleine terre dès que les gelées ne seront plus à craindre. Vous gagnerez ainsi plus d'un mois pour cueillir ce légume. À noter que les récoltes tardives vous permettent de conserver en cave le chou-rave plusieurs semaines.

**50 - Chaque année à l'automne, les feuilles de mes coloquintes sont recouvertes d'un feutrage blanc. Comment traiter ?**

Ce feutrage est de l'oïdium. Ce champignon apprécie la chaleur et l'humidité. La bouillie bordelaise est efficace mais sans intérêt car ce champignon n'affectera pas la qualité de la récolte s'il se manifeste tard dans la saison.

**51 - Quelle est la différence entre la ciboule et la ciboulette ?**

La ciboulette *(Allium schoenoprasum)* est une plante aromatique utilisée pour ses feuilles. Elle dépasse rarement 15 cm. La ciboule *(Allium fistulosum)* est une plante condimentaire cultivée pour ses feuilles et pour son bulbe comestible. Elle est de plus grosse dimension et sa hampe florale atteint 50 cm.

**52 - Existe-t-il un traitement efficace contre la mosaïque du concombre ?**

La mosaïque est un champignon contre lequel il n'existe pas de traitement réellement efficace.
Il faut sans tarder éliminer les plants contaminés.

**53 - J'ai semé en avril des graines de coriandre. Je désespère car aucun plant n'a levé. Pourquoi ?**

La coriandre est une herbe qui sait se faire désirer. Même si les conditions climatiques sont favorables et même si la terre est parfaite, les graines attendront souvent trois semaines avant de se manifester. Patience.

**54 - Quelle est la différence entre un concombre et un cornichon ?**

Il n'en existe pas. Les concombres sont des cornichons adultes.

**55 - Mes pieds de cornichons sont envahis de pucerons. Que faire ?**

Cette présence d'insectes est sans grande conséquence. Il existe un moyen simple et peu coûteux de s'en débarrasser : le purin d'ortie.

**56 - Les plants de courges doivent-ils être taillés pour fructifier ?**

La taille favorise nettement la fructification. Pincez la tige après le fruit à deux feuilles et renouvelez cette opération après chaque nouveau fruit.

**57 - Mes courgettes pourrissent avant même de pouvoir être récoltées.**

Les courgettes redoutent l'excès d'eau dans le sol. Elles doivent être cultivées dans des terres riches et en situation ensoleillée. Elles sont sensibles au *Didymella*, un champignon qui s'attaque à toutes les cucurbitacées. La plante flétrit, pourrit puis meurt.

Pour limiter les dégâts, évacuez le compost à proximité, aérez la plante en supprimant quelques tiges et les plantes cultivées trop près et réduisez les arrosages.

**58 - Est-il exact que les fleurs de courgettes sont comestibles ?**

C'est exact. De couleur jaune, elles peuvent agréablement agrémenter vos salades composées. On peut aussi les manger en beignets. Il en est de même pour les fleurs de capucines, de bégonias, de mufliers, de violettes, de soucis, de pensées, de pâquerettes, d'impatientes et de bien d'autres fleurs encore.

**59 - Quelle est la bonne période pour planter des crosnes ?**

Les crosnes aiment les terres légèrement sableuses et se sèment au début du printemps.

**60 - La terre de mon potager est argileuse. Puis-je cultiver des échalotes ?**

Non. Les échalotes redoutent les sols humides et l'argile retient l'eau. Dans ce type de terrain, elles développent rapidement des pourritures qui anéantissent la récolte.

**61 - Comment puis-je savoir s'il est temps d'arracher mes échalotes ?**

En été, le feuillage de l'échalote jaunit. C'est le signal qui autorise l'arrachage. N'oubliez pas de les laisser sécher à même le sol avant de les conserver dans un local sec et aéré.

**62 - Les feuilles de mes épinards semblent malades et prennent différentes couleurs. S'agit-il d'une maladie ?**

Vos épinards souffrent de la mosaïque. Pour éviter la propagation de cette maladie aux autres plantes, détruisez vos plants contaminés. Ne les jetez pas sur le tas de compost.

**63 - Quelle est la meilleure période pour semer des épinards ?**

L'épinard pourrait se semer toute l'année s'il ne détestait pas sécheresse et canicule. Il est conseillé de semer les épinards au début du printemps et à la fin de l'été et de maintenir la terre humide en disposant un paillage qui conservera le sol frais en été et protégera la plante des premières gelées hivernales.

**64 - Comment conserver mon estragon d'une année sur l'autre ?**

L'estragon est une plante aromatique frileuse. Elle doit être protégée du froid en hiver. En automne, coupez le pied très court. Recouvrez-le d'un tapis de feuilles mortes. Dès que les gelées ne sont plus à craindre, ôtez cette protection et arrosez.

**65 - J'ai récolté mes fenouils dès mon retour de vacances mais ils ont moins de goût que les années précédentes. Pourquoi ?**

L'ensoleillement et la pluviométrie favorisent la maturation des fruits et légumes. Vous avez cette année tardé à récolter vos fenouils, qui doivent être cueillis à point dès la mi-août pour restituer ce goût si particulier. À défaut, les légumes seront fades et sans grand intérêt.

**66 - Chaque année, mes fèves sont envahies de pucerons. Existe-t-il un traitement efficace et naturel ?**

Les pucerons apprécient tout particulièrement les pieds de fèves. Dès le printemps, ils envahissent la plante et il n'est pas rare de voir des tiges entièrement recouvertes de pucerons. Il existe bien des produits pour les anéantir mais il a été constaté depuis longtemps que leur présence n'affecte en rien la qualité des récoltes.

**67 - Les pieds de fèves doivent-ils être taillés ?**

La taille n'est pas obligatoire mais un pincement des tiges aux deux tiers de leur hauteur favorisera la formation des gousses.

**68 - Il m'est impossible de récolter des fraises, celles-ci pourrissent avant de mûrir.**

Pour éviter la pourriture des fraises, il est indispensable de les isoler de la terre humide. Cultivez vos fruits sur un plastique ou sur un paillage qui offrira de plus l'avantage de limiter la croissance des mauvaises herbes et les besoins en arrosage.

**69 - Mes fraises sont recouvertes d'une pellicule grise. Que faire ?**

Vos fruits sont atteints de *botrytis*, un champignon également nommé pourriture grise. Il est nécessaire de traiter avec un produit fongicide si vous souhaitez en consommer.

**70 - Quelle est la meilleure période pour planter des fraisiers ?**

Les fraisiers se plantent pendant l'été et jusqu'à la fin du mois d'octobre, à l'exception du fraisier des quatre saisons qui se met en terre au printemps.

**71 - Le fraisier des quatre saisons fructifie-t-il toute l'année ?**

Contrairement à ce que son nom semble indiquer, le fraisier des quatre saisons produit de délicieux fruits en été, de juin à la fin du mois de septembre. Les fruits sont de taille modeste mais les pieds offrent l'avantage de produire fort peu de stolons.

**72 - J'ai semé en mars des haricots et ils n'ont toujours pas levé un mois plus tard. Pourquoi ?**

Le haricot aime la chaleur et la graine sort de sa dormance lorsque la terre est réchauffée. Planter au début du printemps est sans intérêt et peut même nuire à la qualité de la récolte. Il est sage d'attendre les mois de mai ou de juin.

**73 - J'ai conservé des graines de haricots de l'année précédente. Sont-elles encore bonnes ?**

Les graines de haricot achetées ou récoltées l'année précédente peuvent être semées. Il est aussi judicieux de lire sur l'emballage la date de fraîcheur du produit. Pour être sûr de la qualité des graines et ne pas mettre en terre des semences abritant des insectes, plongez-les dans l'eau. Éliminez celles qui flottent.

**74 - À peine levés, mes jeunes plants de haricots disparaissent, pourtant je n'ai observé aucun insecte ni larve dans le potager.**

Le danger vient du ciel et vos jeunes haricots ont fait le régal des pigeons qui s'en délectent. Pour éviter ces désagréments, installez des filets de protection sur vos cultures.

**75 - Mes haricots en grains sont criblés de petits trous. Quel est l'insecte responsable ?**

Il s'agit certainement d'un charançon qui pond ses œufs dans la gousse. Les larves se développent dans le fruit. Il existe des produits contre cette bruche du haricot mais la toxicité du produit ne plaide pas pour son utilisation. Cueillez dès que possible les grains intacts et détruisez les plants attaqués. Évacuez-les du potager. Il ne faut pas les jeter sur le tas de compost.

**76 - Mes haricots sont tachés de rouge. Que faut-il faire ?**

Ce rougissement est dû à un champignon. Il est possible d'utiliser un fongicide mais est-il vraiment souhaitable de traiter des légumes qui seront bientôt consommés ? Réduisez les arrosages et supprimez les plants attaqués.

**77 - Est-il exact qu'il est recommandé d'arroser les laitues les soirs d'orage ?**

Il paraît que l'électricité orageuse favorise la production d'ozone, un gaz qui accélère la montée en graines des laitues. L'arrosage les soirs d'orage réduirait cette montée en graine. Les anciens y croyaient fortement. Qui ne tente rien n'a rien…

**78 - La mâche doit-elle être protégée du gel en hiver ?**

La mâche est un légume qui a mauvaise mine lorsque le thermomètre est en dessous de zéro mais elle reprend vite un bel aspect sitôt le soleil revenu. Il n'est pas nécessaire de protéger la mâche sauf si elle pousse dans des régions où l'hiver est long et rigoureux.

**79 - J'habite le Sud-Ouest et je cultive chaque année des melons. Certains se fendent. Pourquoi ?**

Les melons réagissent aux variations climatiques et en particulier à la sécheresse du sol. Ce sont ces éléments qui sont responsables des fêlures. Pour limiter les chocs thermiques, évitez d'arroser vos melons avec une eau trop froide.

**80 - Quel est le meilleur mois pour récolter les oignons ?**

Le mois importe peu pour le ramassage des oignons. Les feuilles jaunissent et tombent sur le sol. C'est le signal pour extraire les bulbes qui seront exposés plusieurs jours au soleil avant d'être entreposés à l'intérieur.

**81 - Mes oignons sont recouverts de moisissure blanche. Est-ce grave ?**

Cette moisissure est un champignon redoutable *(Sclerotium cepivorum)* qui s'installe pour longtemps dans les terres. Détruisez votre récolte et ne replantez pas d'oignons, d'échalotes, d'ail ou de poireaux dans cette parcelle dans les dix années à suivre.

**82 - Mes pieds d'oseille fleurissent. Faut-il couper les tiges florales ?**

Les fleurs épuisent la plante et il convient de les supprimer dès leur apparition.

**83 - Quelle est la meilleure période pour diviser l'oseille ?**

L'oseille se multiplie par division de touffes. Cette opération simple à exécuter s'effectue au début du printemps.

**84 - J'ai semé il y a plus de huit jours du persil et il ne lève toujours pas. Est-ce normal ?**

Le persil est capricieux et lent à germer. Une quinzaine de jours est souvent un minimum avant d'apercevoir une jeune pousse. Le jardinage est une école de patience.

**85 - Mes piments pourrissent. Les tiges, les fleurs et les fruits sont atteints. Que faire ?**

Vos plants sont atteint de botrytis, un champignon. Seul un traitement anticryptogamique sera efficace mais faut-il traiter un produit du jardin qui sera ensuite consommé par toute la famille ? Détruisez les plants en prenant soin de ne pas jeter les végétaux atteints sur le tas de compost.

**86 - J'habite dans l'est de la France. Puis-je cultiver des piments dans mon jardin ?**

Les piments ont besoin de chaleur pour parvenir à maturité. La culture en plein air est généralement réservée aux régions ensoleillées proches de la Méditerranée. Mais en plantant vos piments sous le soleil, au pied d'un mur bien orienté et dans une terre riche et profonde, il vous sera permis d'en récolter si l'été est chaud et sec.

**87 - J'ai remarqué des galeries creusées dans la tige de mes poireaux. Quel est le responsable ?**

Le responsable de ces galeries creusées est une petite chenille blanche appelée tout simplement le ver du poireau.

**88 - Existe-t-il une parade efficace contre le ver du poireau ?**

La plantation de carottes près des poireaux éloignerait durablement le ver du poireau, appellation impropre car il s'agit d'une chenille de papillon. La mise en place d'un filet éloigne les papillons et les empêche de pondre sur vos cultures.

**89 - Qu'appelle-t-on le poireau perpétuel ?**

C'est un poireau qui produit un grand nombre de tiges vertes. Sa résistance au froid lui permet de vivre plusieurs années, d'où son appellation.

**90 - Que peut-on faire pour éloigner les oiseaux qui mangent les pois de mon jardin ?**

La seule parade consiste à disposer un filet sur vos cultures. Les épouvantails et les objets réfléchissant le soleil ne dissuadent que peu de temps les oiseaux qui osent s'aventurer près de vos plantations.

**91 - Les feuilles de mes pois sont dévorées sur le contour. Faut-il traiter ?**

Les feuilles de vos pois sont victimes d'un charançon. Ne traitez que si la récolte est compromise, et encore. Les insecticides détruisent une grande partie de la faune et mettent en péril la survie des oiseaux.

**92 - Puis-je planter des pois chiches dans mon jardin ?**

Il est possible de planter des pois chiches là où les terres sont caillouteuses et sèches. Peu d'endroits en France métropolitaine conviennent excepté les régions proches du littoral méditerranéen et la Corse. Semez les pois chiches en février pour une récolte en juillet.

**93 - Mes pieds de poivrons ne produisent qu'une tige. Comment faire pour qu'ils se ramifient ?**

Les pieds sont plantés en mai. Dès que les tiges atteignent une quinzaine de centimètres, pincez-les. Cette petite taille favorisera le départ de nouvelles tiges. Maintenez la terre humide en permanence. Les poivrons ont besoin de soleil et de chaleur pour mûrir.

**94 - Que faire pour me débarrasser une fois pour toutes des polygonums qui envahissent notre potager ?**

Les polygonums sont des plantes grimpantes rustiques parfois envahissantes. Leur suppression favorisera l'apparition de nouvelles herbes. Un potager est un jardin qui doit faire l'objet d'un entretien régulier. La binette ou l'arrachage à la main est la meilleure des techniques et n'est pas une contrainte si elle est exécutée régulièrement. Il est déconseillé de créer un potager s'il est impossible d'y consacrer du temps chaque semaine.

**95 - Existe-t-il une plante qui éloigne durablement les doryphores qui infestent mes cultures de pommes de terre ?**

Il faut rester prudent. Affirmer que telle ou telle plante éloigne les insectes est souvent invérifiable. Mais il se dit que les pétunias feraient fuir les doryphores. Pourquoi ne pas essayer ? Profitez aussi du bêchage pour éliminer à la main les insectes et les larves visibles lors du retournement de la terre.

**96 - J'ai planté en mars des pommes de terre. Quand puis-je espérer en récolter ?**

Attention aux plantations hâtives. La pomme de terre n'aime pas le froid. Si le printemps est doux, il vous sera possible de récolter en juillet. Les variétés précoces offrent une culture qui n'excède pas trois mois.

**97 - Comment et à quelle profondeur plante-t-on les pommes de terre ?**

Les pommes de terre se plantent seulement à une dizaine de centimètres de profondeur et les germes dirigés vers le ciel. Un vieux proverbe dit même que la pomme de terre doit voir le jardinier s'éloigner.

**98 - Pourquoi doit-on butter les pommes de terre ?**

Le buttage favorise la production d'un plus grand nombre de tubercules et évite aux pommes de terre de verdir.

**99 - Est-il exact que la pomme de terre épuise les sols ?**

Cela est vrai même si cet « épuisement » reste raisonnable. C'est la raison pour laquelle il se dit que la pomme de terre nettoie le sol car elle limite l'implantation des autres plantes. Après plusieurs années de culture de pommes de terre sur une même parcelle, cultivez de la luzerne ou du trèfle pour restituer au sol toute sa richesse organique.

**100 - Mes pommes de terre sont criblées de trous. Que faire ?**

Vos pommes de terre sont victimes des taupins, des larves de coléoptères. Les dégâts se constatent souvent au moment de la récolte. Sans attendre, éliminez toutes les pommes de terre infestées et n'oubliez pas de retourner votre sol en automne pour que le gel détruise une partie des insectes qui hivernent dans la terre.

**101 - Mes pommes de terre sont recouvertes de taches semblables à de la rouille.**

Vos tubercules souffrent d'une terre trop acide, trop sableuse ou trop pauvre. Essayez de corriger ces défauts par un apport de terre végétale ou l'épandage régulier de terreau. Mais surtout, trouvez-leur un autre emplacement mieux adapté.

**102 - Comment obtenir des potirons de grosses dimensions ?**

Le potiron demande beaucoup d'eau. Arrosez régulièrement en prenant soin de ne pas mouiller le feuillage. Pour obtenir de gros fruits, pincez au-dessus d'un bouton. Ne conservez qu'une fleur par tige et deux ou trois fruits par plant.

**103 - Pour gagner de la place, je plante mes potirons sur le tas de compost. Les fruits sont splendides mais pourrissent dès le mois de septembre. Que faire ?**

Les potirons aiment les terres riches et les tas de compost conviennent parfaitement à leur culture. Mais vos potirons sont sensibles à l'humidité. Il vous suffit de les déposer sur des planches de bois ou tout autre support pour les isoler de la terre. Ainsi cultivés, ils ne pourriront pas.

**104 - Peut-on semer des radis toute l'année ?**

Les radis se sèment sous châssis au tout début du printemps et en pleine terre du mois de mai à la fin septembre. Mais c'est vers mai et juin qu'ils seront les plus savoureux.

**105 - Les radis de dix-huit jours lèvent-ils vraiment en dix-huit jours ?**

Si le sol, les conditions atmosphériques, la qualité du semis et l'arrosage sont parfaits, les radis lèveront vraiment en dix-huit jours. À partir de juillet, il leur faudra plus de temps.

**106 - Les radis noirs se cultivent-ils comme les radis communs ?**

La culture des radis noirs et celle des radis rouges sont identiques. Les deux légumes se sèment directement en place, réclament un éclaircissage et une terre fraîche et humide en permanence. Seule la durée de croissance et la date de récolte les différencient. Les radis noirs peuvent se cultiver tardivement à l'automne.

**107 - Est-il nécessaire de couper les hampes florales des rhubarbes ?**

Ce sont les tiges et les pétioles qui sont utilisées. La hampe florale n'est donc d'aucun intérêt alimentaire et de plus fatigue la plante. Il est conseillé de la couper.

**108 - Mes pieds de rhubarbe sont splendides. Comment puis-je les multiplier ?**

La rhubarbe se multiplie facilement par division de souche. En automne, arrachez un pied et éclatez la souche. Plantez quelques éclats côte à côte et recouvrez-les d'une fine pellicule de terre.

**109 - Pourquoi les branches de mon romarin sont-elles sèches ?**

Le romarin est sensible au froid. Il a très certainement gelé. Il est conseillé d'en replanter un pied si vous souhaitez une vraie cueillette dans l'année à venir.

**110 - Quand sème-t-on le rutabaga ?**

Le rutabaga se sème à la fin du printemps, en mai ou juin, et se récolte quatre mois plus tard, en septembre-octobre.

**111 - Comment éviter que les limaces ne mangent mes salades ?**

L'épandage de cendre autour d'une salade ou la mise en place d'aiguilles de pins éloignent durablement les limaces. Ce « truc » propre et économique a déjà fait ses preuves.

**112 - Comment faire pour que les feuilles de mes scaroles soient blanches et craquantes ?**

Il suffit de lier les feuilles entre elles. Elles vont se développer à l'abri du soleil et ne produiront pas de chlorophylle, ce pigment qui teinte de vert le feuillage. Cette technique est efficace pour d'autres légumes comme les pissenlits.

**113 - Faut-il couper court les pieds de thym à l'automne ?**

Le thym produit très rarement des tiges sur le vieux bois. Il est donc déconseillé de les rabattre en hiver. Faites des boutures en septembre ou divisez les touffes si vous souhaitez rajeunir vos plantations.

**114 - Je n'arrive pas à conserver mon thym d'une année sur l'autre. Pourquoi ?**

Le thym n'apprécie pas les terres humides. Surtout, il est sensible au froid et peut ne pas survivre aux gelées hivernales. N'hésitez pas à le protéger d'un voilage, que vous retirerez sitôt les températures positives revenues.

**115 - Pourquoi est-il conseillé de planter des œillets d'Inde à côté des tomates ?**

Les œillets d'Inde dégagent une odeur forte et peu agréable qui éloigne certains insectes et en particulier les aleurodes et les pucerons. Cette plantation est un moyen écologique de protéger les cultures et de colorer joliment votre potager.

**116 - Mes tomates pourrissent et un feutrage blanc recouvre les feuilles. Que faire ?**

Vos pieds sont atteints du mildiou, une maladie fréquente sur les tomates à la fin de l'été. La bouillie bordelaise donne de bons résultats mais prenez garde à ne pas traiter le fruit.

**117 - Est-il exact qu'introduire un fil de cuivre dans la tige d'un pied de tomate élimine tout risque d'attaque du mildiou ?**

Cette technique est très employée et depuis longtemps. Et pourtant, elle n'est d'aucune utilité.

Les tissus de la plante sont incapables d'absorber du cuivre sous cette forme. Vous risquez simplement d'endommager votre pied et de faciliter la pénétration des virus, champignons et autres maladies.

**118 - Qu'appelle-t-on « gourmand » ?**

Les gourmands sont des rejets qui épuisent la plante. Ils se forment juste en dessous des feuilles et se distinguent des autres tiges par leur vigueur. Il est indispensable de les couper.

**119 - Existe-t-il des tomates autres que rouges ?**

Il existe une grande diversité de tomates. Des tomates de petite taille (les tomates cerises), des tomates rondes ou ovales. Il en existe aussi des roses, des jaunes, des blanches, des marron et des vertes. Toutes ne possèdent pas de réelles qualités gustatives mais elles décorent le jardin et colorent le potager.

**120 - Mes tomates ont les tiges qui pourrissent. Existe-t-il un traitement efficace ?**

Vos tomates souffrent de ce que les jardiniers qualifient de « pied noir » ou « cul noir ». Ce problème est souvent dû à une humidité trop élevée. Il n'existe pas de traitement curatif et il est indispensable d'évacuer et de détruire les plants contaminés.

**121 - Les tomates sont-elles des fruits ou des légumes ?**

Les tomates sont des fruits car elles sont nées d'une fleur. Le pois, le haricot et le concombre sont des fruits. Le légume est une partie de la plante que l'on consomme : la tige, les feuilles ou les racines.

**122 - Faut-il tailler ses pieds de tomates ?**

La taille des tomates divise les jardiniers. Réduire le nombre de tiges favorise la croissance des fruits mais en limite le nombre. Pour faire court, taille égale des fruits moins nombreux mais plus gros. Pas de taille égale plus de fruits mais des tomates de modestes dimensions. À vous de décider.

**123 - Mon pied de tomates produit à sa base plusieurs tiges. Est-il bon de les conserver ?**

Il est préférable de ne conserver qu'une tige. Cela facilite sa conduite, son tuteurage et évite que votre plant ne s'étale de la base et ne s'éclate sous le poids des fruits.

**124 - Existe-t-il des moyens naturels pour limiter les insectes dans un potager ?**

Les sauges éloigneraient les bestioles qui se délectent des racines, la citronnelle tiendrait à distance les moustiques et le thym ferait fuir les chenilles. Mais cela est fonction de la saison et du climat et les résultats peuvent parfois laisser à désirer. La plantation de pieds de capucines donne d'excellents résultats. Les pucerons envahissent la plante et il suffit alors de couper la tige colonisée et de la brûler.

**125 - Une partie de mon jardin est privée de soleil. Que puis-je planter ?**

Peu de légumes tolèrent l'ombre. Mais il est possible de planter de la mâche, du persil, de l'épinard ou du cerfeuil.

**126 - On parle souvent du purin d'ortie. De quoi s'agit-il et qu'en fait-on ?**

Le purin d'ortie est un produit simple à fabriquer et à utiliser. Il posséderait des vertus insecticides et donne souvent aux plantes un coup de tonus. Pour en confectionner, faites macérer 500 g de feuilles dans 5 litres d'eau pendant une quinzaine de jours. Sitôt la surface du liquide recouverte de petites bulles, filtrez. L'odeur désagréable qui se dégage atteste que le produit est prêt à l'emploi. Pour un usage en engrais, diluez le purin obtenu dans 10 litres d'eau.

**127 - Existe-t-il d'autres plantes que l'ortie pour élaborer du purin ?**

L'ortie n'est pas la seule plante qui permet d'élaborer des purins énergétiques. Il vous est possible d'obtenir des résultats équivalents avec la prêle, la rhubarbe, la fougère aigle ou encore le genêt.

**128 - Qu'appelle-t-on la bouillie bordelaise ?**

La bouillie bordelaise est un fongicide préventif efficace pour lutter contre le mildiou et quantité de maladies affectant les arbres fruitiers.

La bouillie bordelaise est composée de sulfate de cuivre additionnée à de la chaux.

**129 - Est-ce qu'il m'est possible de mettre sur le tas de compost tous les déchets végétaux ?**

Certains légumes sont porteurs de maladies ou champignons. Il convient de ne pas les mettre sur votre compost pour ne pas nuire à sa qualité. Il est souhaitable d'exclure :

- les feuilles des arbres fruitiers ;
- les pieds de tomates ;
- les feuilles de noyers et de platanes ;
- les pieds de melons, courges, potirons, concombres...;
- les aiguilles de pins et toutes les plantes infestées d'insectes ou de champignons.

**130 - Est-il vrai que certaines plantes ne supportent pas la présence d'autres plantes ?**

Les anciens y croient beaucoup. Ils sont persuadés que l'asperge n'aime pas la rhubarbe, que la pomme de terre déteste la tomate, le fraisier ou le cornichon, et que le poireau se méfie de l'oignon et de l'ail. Mais l'idéal, pour vérifier cette « croyance », est d'essayer et de comparer.

**131 - Les feuilles de mes fraisiers et d'autres plantes sont colonisées par de nombreux et minuscules insectes blancs. Comment m'en débarrasser ?**

Ces petits moucherons sont des aleurodes. Leur présence cause peu de dégâts. Ils apprécient la chaleur et redoutent l'eau. Il suffit d'arroser le revers des feuilles pour s'en débarrasser pour quelque temps.

**132 - J'observe depuis peu de temps de très gros insectes de presque 10 cm dans mon potager. Sont-ils dangereux pour les plantes ?**

Vous avez certainement la visite de courtilières, des insectes qui apprécient particulièrement les terres riches et les tas de compost. Les courtilières creusent des galeries dans le sol et se nourrissent des racines. Les dégâts peuvent être importants. Au début de l'été, une courtilière peut pondre plusieurs centaines d'œufs et il faut alors réagir.

Elles nichent prioritairement dans les terreaux et tas de compost. Remuez ce dernier régulièrement et éliminez à la main les insectes. Le purin de fougère « aigle » (même élaboration que le purin d'ortie) donne de bons résultats.

**133 - J'ai semé des lentilles mais seule une partie des graines a germé. Pourquoi ?**

Vos lentilles sont victimes de champignons, le rhizoctonia et le pythium. Pour éviter l'apparition de ces champignons, semez au printemps lorsque les gelées ne sont plus à craindre, sur un sol aéré. Évitez de produire deux années de suite sur la même parcelle de terre.

**134 - Mes melons ont les feuilles qui se tachent de brun et les fruits sont marqués de cercles bruns. Pourquoi ?**

Vos melons sont victimes d'un champignon communément appelé « nuile rouge ». Pour éviter que ce champignon ne se manifeste, évitez de mouiller les feuilles lorsque vous arrosez vos melons, et plantez-les à distance respectacle les uns des autres.

# Les rosiers 6

**1 - Mes rosiers produisent à partir des racines des tiges vigoureuses mais sans fleurs. Puis-je les couper ?**

Vous devez les couper. Ces tiges sont des gourmands qui épuisent le rosier et limitent sa floraison. Il faudra prendre soin d'extraire en totalité ces rejets pour éviter qu'ils ne repoussent. Un rosier envahi de gourmands dégénère et n'offre plus aucun intérêt dans le jardin.

**2 - Je suis âgée de 54 ans et j'ai toujours connu les rosiers grimpants dans mon jardin. Combien de temps peuvent-ils encore vivre ?**

Un rosier grimpant correctement entretenu et qui vit dans une terre qui lui convient peut vivre une cinquantaine d'années. Il en existe même dans certaines demeures historiques qui sont centenaires.

**3 - Peut-on déplacer des rosiers lianes ?**

Il est possible de déplacer les rosiers lianes sauf s'ils sont en place depuis de longues années. Il est indispensable, pour favoriser la reprise, de couper court le branchage et d'habiller les racines.

**4 - Qu'appelle-t-on rosiers anciens ?**

Ce sont des rosiers non remontants créés vers 1867. Ils sont sujets aux maladies, fleurissent peu de temps mais exhalent des senteurs uniques. Ils méritent d'être davantage plantés même si leur aspect est moins spectaculaire que nos rosiers modernes.

**5 - Qu'appelle-t-on un rosier polyantha ?**

« Botaniquement » parlant, un polyantha est un rosier créé à la fin du XIX^e^ et au début du XX^e^ siècle et qui produit des fleurs disposées en groupe. Dans le langage courant, on désigne par « polyanthas » les rosiers à massifs qui produisent en tête des roses groupées en bouquets.

**6 - J'ai acheté des rosiers que j'ai tardé à planter. Ils sont restés une dizaine de jours dans mon garage et je crains qu'ils n'aient pas résisté à ce séjour prolongé hors de terre.**

Il faut éviter de laisser trop longtemps les rosiers hors de terre. Ces arbustes sont néanmoins résistants et ils devraient repartir si vous les installez rapidement. Il existe une méthode simple et peu connue pour réhydrater les pieds asséchés. Plongez les racines de vos rosiers dans un récipient rempli d'eau et laissez-les tremper une matinée. Plantez-les ensuite en respectant les règles de l'art.

**7 - Les feuilles de mes rosiers s'enroulent sur elles-mêmes. Est-ce une maladie ?**

Vos rosiers ne sont pas malades mais abritent des tordeuses. Les tordeuses sont des petits papillons qui pondent sur les tiges. Les chenilles de ce papillon se nourrissent des feuilles et tissent une toile qui les protège. Cette toile replie la feuille et la tord, d'où le nom de notre bestiole. Les dégâts sont limités et ne justifient pas de traitement.

**8 - Les feuilles de mes rosiers sont tachées de noir cerclé de jaune. Elles finissent par jaunir et tombent. Quelle est cette maladie et quel est le traitement à appliquer ?**

Vos rosiers sont atteints de marsonia, un champignon favorisé par la chaleur et l'humidité. Les traitements fongicides sont efficaces sitôt le problème constaté. Pour limiter la propagation du champignon, il est vivement conseillé d'évacuer les feuilles tombées à terre.

**9 - Les feuilles de mes rosiers se couvrent d'un feutrage blanc. Quel est le problème ?**

Cet aspect cotonneux est dû à un champignon, l'oïdium. Ce champignon est favorisé par la chaleur et l'humidité. Il est important, pour limiter sa venue, de ne pas arroser le feuillage des rosiers. Il est possible de traiter avec une décoction de prêle ou avec la fameuse bouillie bordelaise.

**10 - Mes rosiers semblent malades. Les feuilles jaunissent et tombent. Que faire ?**

Vos rosiers souffrent de chlorose. Cette maladie a pour origine un excès de calcaire dans le sol ou dans l'eau d'arrosage. Cet excès nuit à la bonne absorption du fer, élément indispensable à la santé du végétal.

Pour pallier ce problème, choisissez des rosiers dont le porte-greffe est adapté aux terres calcaires. Pour en être certain, renseignez-vous auprès de votre pépiniériste ou de votre rosiériste.

**11 - Mes rosiers dépérissent et ont des taches orange sur le branchage.**

Il s'agit de la maladie du corail. Ce champignon entraîne la mort du végétal. Il convient d'arracher le rosier sans attendre et de le brûler avant qu'il ne contamine vos autres plantes.

**12 - Les feuilles de mes rosiers semblent « rouillées ».**

La rouille est un champignon qui affecte un grand nombre de plantes. Si l'emploi d'un fongicide se révèle efficace, la première règle à observer est de ne pas arroser le feuillage car ce champignon apprécie la chaleur et l'humidité.

**13 - Il paraît que les peaux de bananes sont bonnes pour le compost et pour les fleurs ?**

Il a été constaté que l'enfouissement de peaux de bananes dans un massif améliore la qualité de la floraison et renforce en particulier les couleurs des fleurs de rosiers. Les peaux de bananes se décomposent vite et libèrent du potassium apprécié par les plantes.

**14 - Qu'appelle-t-on un rosier remontant ?**

Un rosier remontant fleurit plusieurs fois dans l'année, contrairement au rosier non remontant qui fleurit généralement à la fin du printemps. Un rosier remontant fleurit souvent en mai et juin et reproduit des fleurs en septembre. Certains, plus rares, fleurissent de mai jusqu'aux gelées.

**15 - Les rosiers sont des arbustes épineux. Existe-t-il des variétés sans épines ?**

Les roses vendues dans le commerce sont rarement épineuses. Mais il en est tout autrement pour les rosiers de votre jardin. Même en nombre limité, ces arbustes produisent toujours des épines.

**16 - Doit-on enterrer profondément le rosier à la plantation ?**

Il convient d'enterrer à bonne profondeur le rosier. Pour ne pas commettre d'erreur, il suffit d'observer la base du rosier. Le renflement est le bourrelet de greffe. Ce dernier doit être enterré d'environ 2 ou 3 cm.

**17 - Est-il exact que les rosiers vendus en conteneurs peuvent se planter toute l'année ?**

C'est vrai mais est-ce réellement intéressant ? Un rosier acheté en racines nues est moins coûteux. Planté à l'automne, il profite de l'hiver pour s'installer et réclamera moins d'eau si l'été est caniculaire.

**18 - Qu'appelle-t-on pralinage ?**

Le pralinage est un mélange d'eau et de terre. Avant de planter un rosier, il est bon de baigner ses racines dans ce mélange boueux. Ce contact évite le dessèchement des racines et favorise la reprise de l'arbuste. Le pralinage est excellent pour les rosiers comme pour les arbres et arbustes.

**19 - Qu'appelle-t-on habillage ?**

L'habillage consiste à couper proprement les racines. Les racines endommagées sont supprimées, les racines robustes sont réduites des trois quarts et les racines chétives coupées au ras de la souche.

**20 - Quelle est la terre idéale pour un rosier ?**

Dans les manuels horticoles, il est précisé que la terre qui convient le mieux aux rosiers est la « terre à blé », une terre de jardin composée d'environ 60 % d'argile, 20 % d'humus et 20 % de sable. Il vous sera possible de l'amender en y enfouissant au moment de la plantation du terreau de feuilles ou du fumier.

**21 - Est-il possible de transplanter des rosiers plantés il y a cinq ans ?**

La transplantation est possible si elle est réalisée pendant le repos végétatif. Il sera indispensable de couper court les branches, de tailler proprement les racines et de les praliner.

**22 - Je désire multiplier un splendide rosier grimpant. Quelle est la méthode la plus simple ?**

Le marcottage réussit parfaitement aux rosiers grimpants. Il suffit d'enterrer une partie de la tige dont on aura supprimé les feuilles. L'extrémité de cette tige sera maintenue hors du sol. Au printemps suivant, il suffit de détacher le rameau enraciné. Il sera alors possible de l'installer dans le jardin.

**23 - Peut-on multiplier les rosiers par greffage ?**

Les rosiers sont pratiquement tous obtenus par greffage. La greffe la plus souvent pratiquée est la greffe en écusson.

**24 - Qu'appelle-t-on greffe en écusson ?**

La greffe en écusson consiste à prélever un bourgeon sur une tige aoûtée, c'est-à-dire, lignifiée. Le bourgeon sera inséré avec un greffoir dans une fente en T pratiquée sur un porte-greffe.
La greffe se réalise au printemps ou de juillet à octobre.

**25 - Est-il possible de récolter les graines d'un rosier et de les semer ?**

Le semis permet d'obtenir de nouvelles variétés qui ne correspondent pas toujours aux attentes. Il est indispensable de laisser mûrir les graines avant de les prélever. L'intérêt du semis est l'obtention de futurs porte-greffes.

**26 - Je souhaite bouturer un rosier. Quelle est la meilleure période ?**

Les rosiers se bouturent de la mi-août à la mi-septembre.

**27 - Comment bouture-t-on un rosier ?**

Coupez une tige d'environ 15 cm de long. Conservez les deux dernières feuilles et supprimez la moitié des folioles. Enterrez la bouture de moitié dans un mélange composé de sable et de tourbe. Placez-la en situation lumineuse et fraîche. Il vous sera possible de rempoter dès le mois de mai dans un pot rempli de terre et il est conseillé d'attendre l'année suivante pour installer votre bouture dans le jardin.

Pour augmenter les chances de reprise, les professionnels utilisent une hormone de bouturage. Celle-ci se trouve aisément dans le commerce.

**28 - J'ai observé de curieuses excroissances sur les tiges de mes rosiers. Elles ont la dimension d'une noix. Faut-il traiter ?**

Vos rosiers sont victimes du cynips de la rose. Cette petite mouche pond ses œufs dans l'arbuste et les grosseurs observées sont des galles qui protègent les larves. Pour limiter la propagation des insectes, il est nécessaire de supprimer toutes les galles. Ce travail se fait aisément à la main.

**29 - Faut-il protéger les rosiers du gel ?**

Les rosiers résistent au froid. Ils tolèrent les gelées importantes jusqu'à – 25 °C même si ces froids intenses causent quelques dommages sur les jeunes tiges. Quelques variétés, comme les rosiers de Chine, apprécient peu le froid et réclament des températures élevées pour fleurir.

**30 - Quand faut-il planter les rosiers ?**

La meilleure période pour planter des rosiers est l'automne et l'hiver. Il est possible de planter les rosiers en conteneurs toute l'année mais il faudra particulièrement veiller à arroser les jeunes plantations tout le printemps et tout l'été.

**31 - Comment doit-on tailler les rosiers ?**

La taille est simple. Elle se pratique au printemps dans les régions où le gel hivernal est fréquent et en hiver dans les régions au climat doux.

Supprimez les branches cassées, mortes ou malades. Réduisez d'un tiers ou de moitié votre rosier en lui donnant une forme esthétique. Tous les trois ou quatre ans, supprimez quelques branches âgées pour rajeunir la plante.

**32 - Faut-il tailler tous les rosiers ?**

Certains rosiers ne se taillent pas. Les rosiers lianes, les rosiers couvre-sol ou les rosiers miniatures ne réclament pas de coupes particulières.

**33 - J'ai dans mon jardin deux massifs de rosiers. Le premier est splendide et le second présente des rosiers faibles et peu fleuris. Pourtant la terre est la même, les variétés identiques et l'ensoleillement égal. Quelle est la cause de cette différence ?**

Il s'agit très certainement du vent. Votre premier massif est protégé des courants d'air et le second souffre des vents même faibles. Les rosiers fleurissent moins en exposition ventée et les terres se dessèchent plus vite. Vos rosiers ne bénéficient plus de la même quantité d'eau dans le sol. Il vous faudra arroser davantage le massif exposé au vent.

**34 - Les rosiers poussent-ils à l'ombre ?**

Non. Les rosiers sont des plantes rustiques mais qui réclament du soleil pour fleurir. Certaines variétés tolèrent la mi-ombre quelques heures par jour mais les fleurs seront moins nombreuses qu'en situation ensoleillée.

**35 - Est-il vraiment utile de couper les roses fanées ?**

La taille des rosiers est aujourd'hui au centre d'un débat qui oppose partisans et opposants. La suppression des fleurs fanées fait l'unanimité. La floraison épuise la plante, d'autant plus qu'elle est généralement suivie d'une mise en graines. Il est indispensable de couper les roses fanées si l'on veut assurer au rosier un avenir florifère.

**36 - Existe-t-il des engrais pour rosiers ?**

Marketing oblige, il existe aujourd'hui sur le marché quantité d'engrais, presque un engrais par plante. Cela est sans intérêt. Les engrais pour plantes fleuries ou le terreau conviennent parfaitement et il est inutile d'engager des frais.

**37 - Les rosiers réclament-ils beaucoup d'eau ?**

Il est indispensable d'arroser copieusement les rosiers immédiatement après la plantation. Il est bon de veiller à conserver tout l'été la terre humide en arrosant régulièrement et en paillant le sol pour leur permettre de conserver sa fraîcheur.

**38 - Les fruits de l'églantier sont-ils comestibles ?**

Les fruits de l'églantier sont très décoratifs et en particulier lorsqu'il gèle. Ils peuvent être consommés en confiture, en gelée ou en liqueur. Si vous souhaitez les manger sur l'arbuste, n'oubliez pas de retirer les poils à l'intérieur des fruits. À défaut, vous comprendrez pourquoi ceux-ci ont pour surnom « gratte-cul ».

### 39 - Comment se débarrasser définitivement des pucerons qui envahissent mes massifs de rosiers ?

Il est impossible de se débarrasser à vie des pucerons. Il existe dans le commerce quantité de pesticides très efficaces pour les supprimer mais en faisant ainsi, vous détruisez d'autres insectes comme les coccinelles. De plus, les pucerons ne représentent une menace que lorsque les attaques sont importantes et répétitives. Un jet d'eau suffit souvent à s'en défaire quelque temps. Il vous est aussi possible de planter à proximité des capucines (voir capucine). L'achat dans le commerce de coccinelles permet de se débarrasser proprement des pucerons, à condition bien sûr que celles-ci se plaisent dans votre jardin et ne le désertent pas dès le lendemain.

### 40 - Les pucerons sont-ils néfastes aux rosiers ?

Les attaques répétées de pucerons peuvent être à l'origine des viroses. Les viroses sont des virus qui peuvent déformer les fleurs et nuire à leur teinte.

### 41 - Mes roses sont dévorées par un insecte. Elles sont mangées de l'intérieur. Que faire ?

Vos rosiers sont visités par des cétoines, de magnifiques coléoptères aux couleurs métallisées. Fort heureusement, les dégâts sont rarement importants et il convient de traiter seulement si vos plantes en sont infestées.

### 42 - Existe-t-il des roses de toutes les couleurs ?

Les roses vertes et noires n'existent pas. On trouve dans le commerce des roses vaguement bleutées plus proches du violet que du noir annoncé sur l'étiquette et des roses blanches légèrement vert pâle.

### 43 - Existe-t-il une technique précise pour couper les roses destinées à un vase ?

Il faut couper la tige avec un sécateur aux lames affûtées. Cette coupe s'effectue le matin avant que le soleil ne chauffe le jardin. Il faut les disposer dans l'eau immédiatement après.

### 44 - Est-il conseillé d'installer un arrosage intégré dans un massif de rosiers ?

L'arrosage des feuilles favorise l'apparition des champignons. Il est toujours conseillé d'arroser les rosiers au pied et de préserver ainsi le feuillage. L'arrosage intégré est à proscrire et doit être remplacé par un goutte-à-goutte qui cessera de fonctionner dès la fin de l'été.

**45 - Qu'appelle-t-on Hybride de thé ?**

L'Hybride de thé appartient à un groupe de roses anciennes obtenues à la fin du XIXe siècle. Le premier Hybride de thé fut 'La France' (Guillot 1867). (Extrait de la *Nouvelle Encyclopédie des roses anciennes* de François Joyaux aux éditions Ulmer.)

**46 - J'ai appris qu'une rose ressemblant à une grosse fleur d'églantine a été récemment créée. Quel est son nom et où peut-on la trouver ?**

Cette rose existe bien et a été baptisée en 2006. Elle se nomme 'Astronomia' et produit de grosses fleurs roses semblables aux églantines. Elle orne depuis peu le jardin de l'Observatoire de Paris. Cette rose est une création Meilland.

**47 - Existe-t-il encore dans le commerce des rosiers aux fleurs odorantes ?**

Il en existe encore, et fort heureusement, mais il faut constater que les roses n'embaument plus les jardins comme avant. Parmi les roses aux senteurs délicates assez faciles à trouver dans le commerce, il est possible de citer les variétés suivantes :

- 'André Le Nôtre' : Hybride de thé. Fleurs roses (obtention Meilland) ;
- 'Golden Célébration' : rosier arbustif anglais. Fleurs jaunes (obtention Austin) ;
- 'Salet' : rosier arbustif créé en 1854. Fleurs roses ;
- 'Chantal Mérieux' : Hybride moderne. Fleurs roses (obtention Guillot-Massad) ;
- 'The Shepherdess' : rosier arbustif anglais. Fleurs abricot (obtention Austin) ;
- 'Déclic' : rosier arbustif. Fleurs roses (obtention Paul Croix) ;
- 'Madame Isaac Pereire' : rosier arbustif créé en 1881. Fleurs rouges (création Garçon) ;
- 'Dioressence' : Hybride de thé. Fleurs lilas (obtention Delbard) ;
- 'Papa Meilland' : Hybride de thé. Fleurs rouges (obtention Meilland) ;
- 'Yolande d'Aragon' : rosier créé vers 1843. Fleurs roses ;
- 'Cuisses de Nymphes' : créé en 1802. Fleurs blanches nacrées rose ;
- 'Parfum de l'Hay' : rosier arbustif obtenu en 1901. Fleurs blanches.

**48 - J'entends souvent parler de la rose 'Pierre de Ronsard'. Qu'a-t-elle de particulier ?**

Le rosier 'Pierre de Ronsard' est une variété moderne crée par Meilland en 1987. Cet arbuste grimpant produit de magnifiques fleurs roses qui rappellent les fleurs d'antan. Il fleurit abondamment au début de l'été. Il exige le plein soleil et sa floraison dégage des senteurs discrètes et agréables.

**49 - Je suis fan de cinéma et j'aimerais planter dans mon jardin des rosiers portant des noms d'acteurs.**

Beaucoup de personnalités sont parrains d'une rose. Parmi les plus célèbres, il est possible de citer :

- 'Louis de Funès' : fleurs oranges (Meilland) ;
- 'Claudia Cardinale' : fleurs jaunes (Guillot-Massad) ;
- 'Gina Lollobrigida' : fleurs jaunes (Meilland) ;
- 'Charlotte Rampling' : fleurs rouges (Meilland) ;
- 'Romy Schneider' : fleurs rouges (Orard) ;
- 'Jeanne Moreau' : fleurs blanches (Meilland) ;
- 'Michèle Morgan' : fleurs blanches (Delbard).

### 50 - J'aimerais planter des rosiers avec les fleurs les plus sombres possible. Quelle est la meilleure variété ?

Tout est affaire de goût mais la rose Black Baccara devrait vous séduire. Le rosier est buissonnant et porte des fleurs pourpre sombre. Très rare. Cette fleur a l'avantage de bien se tenir en bouquet. Ce n'est pas un hasard si elle fut longtemps la fleur la plus vendue au monde (création Meilland).

### 51 - J'ai l'intention de créer un massif de rosiers. J'aimerais des fleurs roses et rouges. Quelles sont les variétés idéales ?

Il en existe une grande diversité. Pour ne pas se tromper, prenez le temps de visiter les roseraies. Vous y verrez quantité de plantes en fleurs. Les variétés sont souvent indiquées. Il est recommandé de visiter en juin la roseraie du Val-de-Marne à l'Haÿ-les-Roses, les roses de Normandie à Beaumont-le-Hareng, la roseraie de Bagatelle dans le bois de Boulogne, la roseraie Saint-Nicolas à Chatenoy-en-Bresse dans la Saône-et-Loire, la roseraie du parc de la Tête d'Or à Lyon, l'abbaye royale de Chaalis dans l'Oise, le parc floral de la source à Orléans, la roseraie du parc des expositions de la Beaujoire à Nantes et bien sûr les pépinières des rosiéristes qui accueillent très souvent les visiteurs.

# 7 Les fleurs du jardin

**1 - Il paraît que beaucoup de fleurs produisent des pétales comestibles. Est-ce vrai et quelles sont-elles ?**

Il existe beaucoup de fleurs comestibles. Certaines sont sucrées, beaucoup sont décoratives dans les assiettes. Les fleurs les plus appréciées sont celles du robinier (beignet), bégonia (confite), capucine (salade), pâquerette (sirop), violette (gelée), souci (salade), mimosa (confite), lilas (beignet), impatiente (décoration), giroflée (salade), courgette (beignet) et encore dahlia, coquelicot, jacinthe, muflier…

**2 - Mes achillées grimpent en hauteur et se dégarnissent de la base. Pourtant je les arrose normalement. Est-ce lié à la qualité du sol ?**

Les achillées sont de jolies plantes vivaces qui s'adaptent à toutes les terres. Vous avez certainement commis l'erreur de verser de l'engrais à leur pied. Les achillées n'en n'ont pas besoin. L'épandage d'engrais est la cause de l'étiolement de vos plantes. Elles grimpent alors en hauteur et se dégarnissent de la base.

**3 - Est-il vrai que l'aconit est une plante toxique ?**

L'aconit est une plante vivace qui fleurit magnifiquement. Mais il est exact que cette plante est classée « anesthésiante » et qu'elle doit être absente des jardins fréquentés par les enfants.

**4 - Mes aconits fleurissent abondamment mais la couleur des fleurs est terne. Pourquoi ?**

Vos aconits sont certainement exposés au soleil. Si ce dernier ne nuit pas à la plante, il réduit l'intensité de la couleur des fleurs. Si vous le pouvez, déplacez-les en automne et plantez-les en situation légèrement ombragée mais très lumineuse. Vos aconits retrouveront une floraison rayonnante.

**5 - Faut-il arracher les agapanthes avant l'hiver ?**

Pas nécessairement mais il faudra prendre soin de les protéger du froid. Après la floraison, coupez les hampes florales et recouvrez vos pieds d'un important tapis de feuilles mortes avant l'arrivée des premières gelées.

**6 - Quand puis-je multiplier les agapanthes ?**

Les agapanthes peuvent se multiplier par division de touffes. Cette opération s'effectue en automne.

**7 - Lorsque je rentre de vacances, les fleurs de mon jardin sont épanouies à l'exception des agératums qui produisent alors un feuillage et des tiges comme fanés. Pourquoi ?**

L'agératum est une plante qui « meurt de soif » dès qu'elle manque d'eau : elle fane et meurt rapidement. L'agératum ne doit être planté dans un jardin que s'il bénéficie régulièrement d'eau mais sans excès pour éviter la pourriture des racines.

**8 - Mes alchémilles fleurissent uniquement au printemps alors que ceux de mon voisin refleurissent à l'automne. Pourquoi ?**

Votre voisin n'hésite pas à couper très court ses alchémilles après la floraison. Elles peuvent ainsi refleurir une seconde fois en automne.

**9 - J'ai planté en avril des anémones d'automne mais elles n'ont pas repris. Pourquoi ?**

Les anémones d'automne, également nommées « anémones japonaises », sont de reprise difficile. Il convient de les acheter en pot et de les installer en automne. Il est ensuite indispensable de les arroser chaque semaine au printemps et en été lorsqu'elles sont jeunes.

**10 - Mes semis d'amarantes ne réussissent jamais. Pourquoi ?**

Les amarantes fleurissent en été. Le semis est effectué sur une terre chaude. Un semis trop précoce (avant mai) ne lèvera pas et les graines seront perdues.

**11 - J'ai semé des ancolies mais elles s'obstinent à ne pas fleurir. Quelle est la cause de ce problème ?**

Il n'y a pas de problème. L'ancolie vit à son rythme et attend souvent deux ans, parfois plus, pour fleurir. Il ne vous reste plus qu'à patienter.

**12 - Mes ancolies étaient belles et meurent depuis peu les unes après les autres. Que puis-je faire ?**

Les ancolies sont de jolies fleurs. Elles sont fragiles et ne résistent pas aux attaques virales et cryptogamiques. Il n'existe pas de traitement efficace et il vous est conseillé d'arracher vos plantes et de les évacuer sans attendre.

**13 - J'ai planté dans mon jardin quelques pieds d'angéliques. Tous n'ont pas fleuri et fort heureusement car ceux qui ont porté des fleurs sont morts. Pourquoi ?**

Il existe une cinquantaine de variétés d'angéliques. Vous avez certainement planté l'angélique « archangelica » qui meurt après la floraison. Pour prolonger la vie de vos vivaces, supprimez les boutons floraux. En l'absence de fleurs, elles ne produiront pas de graines et vivront ainsi quelques années de plus.

**14 - On m'a dit que les anthémis étaient des plantes vivaces et pourtant elles meurent chaque année à la fin de l'automne. Pourquoi ?**

Dans les régions aux hivers peu rigoureux, l'anthémis vit plusieurs années. C'est une plante vivace, mais elle redoute le gel et ne survit pas dès que la température est en dessous de zéro.

Il vous est conseillé de la cultiver en pot et de l'abriter en hiver dans un local lumineux et frais.

**15 - Doit-on tailler les anthémis ?**

La taille n'est pas obligatoire mais elle est conseillée. Sitôt les fleurs fanées en juin, taillez-la court. Elle reproduira avant l'automne de nouvelles fleurs.

**16 - Comment faire pour conserver plusieurs années des anthémis des jardins ?**

L'anthémis des jardins est une jolie plante vivace. Sa floraison jaune est un délice. Taillez court avant l'automne et coupez les fleurs fanées. Il vous est possible de multiplier vos pieds en divisant les touffes au tout début du printemps.

**17 - Mes arums n'ont pas résisté au gel. Que faut-il faire pour les garder d'une année sur l'autre ?**

Les arums sont originaires d'Afrique du Sud. Ces plantes craignent le froid. Il est indispensable dès la fin de l'automne de couper le feuillage et de recouvrir le pied d'un tapis de feuilles. Cette protection sera enlevée dès que les grosses gelées ne seront plus à craindre.

**18 - Mes asters fleurissent de moins en moins. Existe-t-il un truc pour les rajeunir ?**

Si vous avez constaté une diminution de la floraison de vos asters, coupez l'extrémité des jeunes tiges au début de l'été. Ce pincement va les fortifier et favorisera la floraison.

Il faut aussi savoir que les asters s'épuisent après plusieurs années de plantation. Profitez-en pour diviser les touffes et renouveler les pieds. Ces nouveaux plants seront taillés court après la floraison.

**19 - Pourquoi ne trouve-t-on pas ou peu de graines de bégonias dans le commerce ?**

Cette délicate petite fleur produit des graines presque microscopiques difficiles à manipuler. De plus, le semis s'exécute en début d'année et nécessite une installation adaptée.

Le semis de bégonias est réservé aux jardiniers à la main vraiment verte.

**20 - Il m'a été déconseillé de planter sur mon balcon des belles-de-jour. Pourquoi ?**

Les belles-de-jour, appelées aussi « liserons du Portugal », sont des plantes toxiques. Les tiges, les feuilles et les fleurs sécrètent des substances dangereuses, en particulier pour les enfants.

**21 - Existe-t-il des fleurs qui ne s'ouvrent que la nuit ?**

Oui. Les belles-de-nuit s'épanouissent avec la tombée de la nuit, d'où leur nom. Ces jolies fleurs diffusent en outre un parfum délicat.

**22 - Quand peut-on semer et repiquer des graines de bidens ?**

Le bidens se sème tôt au printemps. Repiquez les plants lorsqu'ils possèdent trois feuilles. Plantez-les dans le jardin quand les grosses gelées ne sont plus à craindre.

**23 - Doit-on souvent arroser les bidens ?**

Les bidens apprécient l'eau quand ils viennent d'être plantés. Réduisez les arrosages lorsque les plantes fleurissent. Un arrosage tous les quinze jours suffit sauf en période caniculaire.

**24 - Les fleurs de bourrache sont-elles comestibles ?**

Les fleurs de bourrache sont comestibles même si c'est avant tout pour les qualités aromatiques de ses feuilles et ses jeunes tiges que la plante est réputée. Les fleurs comme les feuilles se cueillent au fur et à mesure des besoins mais il est bon de ne pas surexploiter la plante pour lui permettre de produire jusqu'à fin septembre.

**25 - Faut-il couper les fleurs fanées des bruyères ?**

Les bruyères fleurissent abondamment et couper individuellement toutes les fleurs serait mission impossible. L'utilisation d'une cisaille à main permet la suppression des fleurs fanées et donne à la plante un aspect esthétique. De plus, cette coupe légère du feuillage évitera à la plante de se dégarnir et lui permettra de conserver un feuillage compact.

**26 - Quelle est la variété exacte des plantes à semer pour faire soi-même ses infusions de camomille ?**

La camomille est une plante qui fleurit en mai et juin. Il est possible de cueillir les fleurs et les feuilles terminales pour se faire de délicieuses infusions. Il est nécessaire de semer des graines de *Chamomilla recutita.*

**27 - J'ai planté des campanules et elles sont mortes avec le froid. Je croyais que ces plantes étaient vivaces ?**

Il existe une grande diversité de campanules. Plus de trois cents espèces vous sont proposées dans les catalogues. Il existe des campanules annuelles, bisannuelles et vivaces. Il en existe même des rampantes.

**28 - Dans mon jardin, le feuillage de mes campanules devient jaune et les pieds sont faibles. Pourquoi ?**

Les campanules aiment les sols légers et riches et ne supportent pas le calcaire. Le calcaire est à l'origine de carences qui se traduisent par une décoloration du feuillage puis par le dépérissement de la plante. Ce sont les symptômes dont souffrent vos plantes.

**29 - J'ai laissé mes cannas dans le jardin et j'ai l'impression qu'ils n'ont pas résisté à l'hiver. Que faire ?**

Il n'y a malheureusement rien à faire, vos pieds ont gelé. Les cannas sont des plantes frileuses qu'il convient de protéger du froid. Entreposez vos cannas tout l'hiver dans un local frais, sec et aéré. Si vous vivez dans le midi de la France, il vous est possible de les laisser en pleine terre mais il vous sera néanmoins conseillé de protéger le pied en prévision des quelques gelées matinales.

**30 - Mes capucines sont envahies de pucerons. Comment faire pour les éliminer ?**

Les pucerons aiment les capucines. Ne cherchez pas à les éliminer mais utilisez cette fleur pour les attirer. Plantez des capucines dans un endroit de votre potager. Dès qu'une branche est noire de pucerons, coupez-la et détruisez-la. C'est une méthode propre pour éloigner les insectes de vos légumes et préserver ainsi votre récolte.

**31 - Mes centaurées vivaces poussent mal. Les feuilles tombent et la floraison est réduite. Que faire ?**

Les centaurées vivaces redoutent l'excès d'humidité dans le sol. Plantez-les à distance des arrosages intégrés et ne les incorporez pas à des massifs arrosés tous les jours.

**32 - J'ai planté de la citronnelle. Quels sont les soins à lui donner ?**

La citronnelle est une plante envahissante lorsqu'elle se plaît. N'hésitez pas à la couper pour limiter son extension et à supprimer les rejets qui se développent à proximité.

**33 - Quel est le vrai nom de la fleur appelée « cœur de Marie » ?**

Le cœur de Marie est une plante vivace qui fleurit rose, rouge ou blanc. Son vrai nom est *Dicentra spectabilis*.

**34 - Quand plante-t-on les colchiques et au bout de combien de temps peuvent-ils fleurir ?**

Les colchiques se plantent à la fin de l'été. Cette plante est l'une des plus rapides à fleurir. Quelques jours seulement après leur mise en terre, les fleurs apparaissent et ce bien avant le feuillage qui ne se manifeste qu'avec l'arrivée du printemps.

**35 - Doit-on souvent arroser la corbeille d'argent et la corbeille d'or ?**

Ces deux plantes sont de la même famille, celle des Brassicacées, mais se ressemblent fort peu. L'une, la corbeille d'argent, fleurit blanc et tolère la mi-ombre, l'autre, la corbeille d'or fleurit jaune et exige le plein soleil. Contentez-vous de maintenir la terre humide.

**36 - Peut-on garder d'une année sur l'autre les coréoptis ?**

En théorie, on devrait pouvoir les conserver car ces plantes sont vivaces. Mais elles redoutent l'humidité et les pluies d'automne les tuent généralement. Pour limiter les pertes, plantez les coréoptis en plein soleil et coupez ras dès la fin de l'été.

**37 - Mes cosmos fleurissent peu malgré des arrosages fréquents. Pourquoi ?**

L'arrosage ne règle pas tout. Les cosmos ont besoin de beaucoup de soleil pour fleurir. Il ne faut pas les planter dans des situations ombrées ni près des arbres.

**38 - Mes dahlias sont en fleurs et leurs boutons sont couverts de fourmis. Les fourmis sont-elles nuisibles ?**

Les fourmis se nourrissent de petits insectes, de végétaux et apprécient le suc produit par certaines plantes. Les fourmis aiment aussi élever les pucerons pour exploiter le miellat produit. Ces insectes ne représentent pas de menace pour vos dahlias mais risquent à court terme d'attirer quantité de pucerons.

**39 - Comment conserver mes dahlias d'une année sur l'autre ?**

Les dahlias s'arrachent à l'automne. Coupez les tiges à 10-20 cm. Rentrez vos tubercules une fois secs dans un local sombre, frais et aéré. Divisez-les au printemps juste avant la plantation.

**40 - Les fleurs de dahlias que je cueille pourrissent à peine disposées dans le vase. Pourquoi ?**

Les fleurs de dahlias ne se cueillent pas lorsqu'elles sont mouillées. Et c'est certainement ce qui explique le pourrissement constaté. Il est aussi utile de savoir que les fleurs se cueillent bien ouvertes. Contrairement à beaucoup d'autres plantes, les boutons de dahlias ne s'épanouissent pas dans l'eau. Faites vos bouquets de préférence le matin ou en soirée.

**41 - Les dahlias peuvent-ils se bouturer ?**

Les dahlias se bouturent au printemps. Avec l'arrivée des beaux jours, votre dahlia produit de jeunes pousses. Coupez celles-ci le plus près possible des tubercules. Trempez la base de la bouture dans une hormone de croissance et plantez-la dans un terreau humide. Recouvrez le pot d'un plastique ou installez-le sous une cloche. Veillez à ce que la température ne descende jamais en dessous de 15 °C. Il vous sera possible de rempoter le nouveau plant cinq à six semaines plus tard.

**42 - Peut-on manger les tubercules de dahlias ?**

Au XVIIIe siècle, les botanistes étaient persuadés que la qualité gustative des dahlias pouvait rivaliser avec celle des pommes de terre. Il n'en est rien. Il est possible de manger des tubercules mais le goût est sans intérêt. Attention, les plantes du commerce sont souvent traitées contre les risques de pourriture et manger des tubercules de dahlias achetés peut être dangereux pour la santé.

**43 - Une bête mange les pétales de mes dahlias. Existe-t-il une méthode propre pour m'en débarrasser ?**

Le perce-oreille se régale de vos dahlias. Pour vous en défaire proprement, disposez sur le tuteur qui maintient vos plantes un pot rempli d'herbes sèches. Avec un peu de chance, le perce-oreille s'y réfugiera et il vous suffira de l'éliminer à la main.

**44 - Mes delphiniums viennent de fleurir et l'aspect qu'ils offrent est devenu très laid. Puis-je les couper ?**

Après la floraison, coupez court toutes les hampes florales. Arrosez tout l'été et vous serez surpris d'admirer une nouvelle floraison à la fin de l'été même si celle-ci n'a pas le même éclat que la floraison printanière.

**45 - Quelle est la meilleure période pour diviser les désespoirs du peintre ?**

L'heuchère est une plante appelée « désespoir du peintre » pour la finesse des contours de sa fleur qui serait difficile à reproduire en peinture. Elle peut se multiplier par division de touffes en automne et au printemps.

**46 - Jusqu'à quelle altitude est-il possible de cultiver le désespoir du peintre ?**

Cette plante est commune dans les Pyrénées où elle pousse à 2 000 m d'altitude. Au-delà, il est difficile de la conserver.

**47 - Peut-on faire des bouquets avec les digitales ?**

Les digitales peuvent composer de magnifiques bouquets. Il est bon de savoir que cette plante produit un alcaloïde nocif. Il est souhaitable de couper les fleurs avec des gants ou, à défaut, de se passer les mains sous l'eau après les avoir touchées.

**48 - Comment s'appelle cette plante qui ressemble à un artichaut et que l'on voit souvent dans les massifs à l'entrée des villes ?**

Il s'agit de l'échévéria, une plante grasse souvent utilisée en mosaïculture. Elle est originaire d'Amérique centrale. Elle aime le soleil et la chaleur et devra être abritée en hiver dans une pièce fraîche et sèche.

**49 - Mes fritillaires ont magnifiquement fleuri ces deux dernières années mais elles sont chétives cette année. Pourquoi ?**

La fritillaire, également nommée « couronne impériale », produit la première année un bulbe « dynamique » qui s'épuise les années suivantes. Il est bon de remplacer chaque année les bulbes si l'on veut profiter des magnifiques clochettes pendantes.

**50 - Mes bulbes de fritillaires sont mangés par des mulots. Existe-t-il un produit pour les préserver ?**

Mieux qu'un produit, il existe un « truc ». Au moment de la plantation, répartissez autour du bulbe un manteau épais de gravillons. Ils empêcheront les mulots d'approcher et de plus faciliteront l'évacuation de l'eau en excès, responsable de la pourriture des bulbes.

**51 - Les feuilles de mes fuchsias sont trouées et se déforment. Quelle est la maladie responsable ?**

Vos fuchsias ne sont pas malades mais victimes d'une attaque de punaises. Les attaques sont rarement graves et ne justifient pas de traitement.

**52 - J'ai peur pour mes fuchsias. J'ai oublié de les rentrer à l'automne et je pense qu'ils ont gelé. Sont-ils morts ?**

Les fuchsias sont sensibles au froid et il est déconseillé de les laisser dans le jardin en hiver. Si tel est le cas, coupez les tiges au ras de la souche au début de l'automne et protégez les pieds. Certaines variétés sont résistantes et ne demandent aucune protection. Si vos plantes sont cultivées en pot, coupez-les très court et installez-les dans une pièce fraîche et lumineuse. Réduisez les arrosages.

**53 - Mes fuchsias sont couverts de boutons mais ils ne s'ouvrent pas. Pourquoi ?**

En observant attentivement vos plantes, vous devriez apercevoir des petites punaises. Elles sucent la sève des plantes et produisent une salive toxique. En réaction, les fleurs des fuchsias avortent.

**54 - Quel est le véritable nom du « galant de nuit » ou « jasmin de nuit » ?**

Le galant de nuit ou jasmin de nuit est une plante originaire des Antilles. Elle s'appelle ainsi pour le parfum délicieux qu'elle produit avec la tombée de la nuit. Également nommée « reine de la nuit », cette plante qui n'a aucune parenté avec le jasmin a pour nom botanique *Cestrum nocturnum*.

**55 - On m'a dit que les géraniums résistaient au gel. Pourtant les miens gèlent chaque année. Pourquoi ?**

Vous confondez les pélargoniums qui ornent vos pots et massifs avec les géraniums qui sont effectivement des plantes vivaces capables de supporter les gelées même importantes.

**56 - Le feuillage de mes giroflées est criblé de trou. Quelle en est la cause ?**

Vos feuilles sont mangées par de minuscules insectes noirs, les altises. Les dégâts affectent rarement la floraison et un traitement est inutile. Pour limiter la prolifération de ces indésirables, éloignez autant que possible le tas de compost et remuez-le en hiver pour que le gel détruise les individus qui s'y abritent.

**57 - Le feuillage de mes glaïeuls est comme décoloré et les boutons ne s'ouvrent pas. Pourquoi ?**

Vos glaïeuls sont victimes des thrips, des insectes piqueurs qui se nourrissent de la sève. Pour réduire l'infestation, arrosez vos massifs car les thrips n'aiment guère l'humidité et préfèrent les ambiances sèches. Inutile de conserver les plantes atteintes.

**58 - Comment peut-on conserver les héliotropes ?**

Les héliotropes sont de jolies fleurs violette qui sentent très bon. Malheureusement, elles se font rares dans nos jardins. Au début de l'automne, déterrez quelques pieds et empotez-les. Installez les pots dans une pièce lumineuse et fraîche. Arrosez une fois tous les quinze jours seulement. Dès que les gelées ne seront plus à craindre, il vous sera possible de les replanter dans le jardin.

**59 - Mes hellébores plantées cette année ne fleurissent pas. Pourquoi ?**

Les hellébores ou roses de Noël fleurissent en hiver. Elles redoutent le soleil direct et fleurissent exceptionnellement la première année.

**60 - Quand et comment multiplier les hellébores ?**

La méthode la plus simple est la division de touffes. Cette opération s'exécute en été.

**61 - Comment se nomment les fleurs de couleur orange qui ressemblent à des lis ?**

Il s'agit certainement des hémérocalles, de splendides plantes qui fleurissent le plus souvent orange, jaunes ou rouges. Les fleurs vivent quelques jours seulement, d'où leur surnom de « lis d'un jour ».

**62 - Faut-il avoir la main verte pour cultiver des hostas ?**

Les hostas ont le vent en poupe et sont aujourd'hui très à la mode. Elles ne réclament pas plus de soin que les autres plantes, aiment les sols riches et frais et résistent aux basses températures. Plantez-les en situation ombrée même si elles s'accommodent du soleil. Coupez les fleurs après la floraison.

**63 - Peut-on planter les impatientes en plein soleil ?**

L'impatiente est une fleur qui prospère en situation ombragée. Mais contrairement aux idées reçues, elle se plaît aussi sous le soleil direct à condition d'être régulièrement arrosée.

**64 - Mes iris produisent beaucoup de feuilles mais ils pourrissent à la base. Que faire ?**

Vos iris poussent dans un sol trop humide. L'eau en excès se charge de bactéries qui risquent à terme de tuer vos plantes. Déplacez sans attendre vos iris et installez-les dans une terre qui ne retient pas l'eau et à l'écart des massifs régulièrement arrosés.

**65 - À quelle période peut-on diviser les iris ?**

Les iris peuvent se multiplier par division de rhizomes. Cette opération s'effectue en été. Il est possible de renouveler l'opération tous les trois ans.

**66 - Les feuilles de mes iris sont tachées. Que faire ?**

Vos iris sont attaqués par un champignon, le hétérosporiose. Ce champignon est favorisé par l'excès d'humidité. Les traitements existent mais ils doivent être répétitifs pour être efficaces. Est-ce vraiment nécessaire ?

**67 - Quelle est le meilleur moment pour planter les iris ?**

La meilleure période pour planter des iris est de juillet à septembre-octobre. Veillez à ne pas trop enterrer les rhizomes pour éviter qu'ils ne pourrissent. Ils doivent être simplement recouverts d'une fine pellicule de terre.

**68 - Faut-il souvent arroser les iris ?**

Les iris redoutent l'excès d'eau. Ils seront arrosés immédiatement après la plantation puis toutes les trois semaines environ. Les iris installés depuis de longues années ne seront mouillés que si une sécheresse sévit.

**69 - Mes jacinthes plantées il y a deux ans ont perdu de leur éclat. Que faire ?**

Contrairement aux autres bulbes, les jacinthes dépérissent vite. Il vous est conseillé de les remplacer chaque année si vous souhaitez des massifs joliment fleuris.

**70 - Mes jonquilles plantées dans la pelouse ont fleuri magnifiquement. Est-ce que je peux les laisser en terre ?**

C'est même conseillé. Avant de couper le feuillage, attendez qu'il soit bien sec. Ce jaunissement permet au bulbe de se constituer des réserves. Vous pourrez ensuite tondre votre gazon.

**71 - Les graines des « larmes de Job » sont-elles comestibles ?**

Les larmes de Job ou *Coix lacryma-jobi* aiment les terres humides. Elles sont cultivées pour la beauté de leurs graines aux reflets bleutés. Ces graines ressemblent à des larmes, d'où leur nom. Elles sont comestibles mais une légende affirme que les conserver chez soi porte malheur.

**72 - J'ai dans mon jardin un pied de lavande papillon. Réclame-t-il des soins particuliers ?**

La lavande papillon est fragile et résiste peu au froid. Pour éviter qu'elle ne perde son feuillage compact, il est indispensable de la tailler tous les ans. La coupe s'effectue après la floraison. Il vous suffit de supprimer les fleurs fanées et l'extrémité des tiges.

**73 - J'ai dans mon jardin une plante qui produit des fleurs semblables à la rose trémière. De quelle plante s'agit-il ?**

La fleur des lavatères ressemble à la rose trémière. Les lavatères sont des petits arbustes qui apprécient les régions côtières et ensoleillées.

**74 - Mes lis sont attaqués par des petits insectes rouges. Ils mangent les feuilles et les fleurs. Que faire ?**

Il est difficile de lutter contre ces scarabées. Tentez de les attraper à la main. En faisant ce geste chaque jour, vous en viendrez à bout, sous réserve bien sûr que l'attaque ne concerne que quelques plantes.

**75 - Faut-il supprimer les fleurs fanées des lupins ?**

En coupant les fleurs fanées de vos lupins, vous donnerez à votre massif un aspect entretenu et favoriserez une nouvelle floraison automnale, qui sera néanmoins moins spectaculaire que celle du printemps.

**76 - J'étais persuadé que les lupins étaient des plantes vivaces. Pourtant, certains de mes pieds sont morts avant le printemps. Pourquoi ?**

Tous les lupins ne sont pas vivaces. Il existe quelques variétés annuelles. Vous avez certainement planté des lupins pubescens.

**77 - Je n'ai pas la main verte mais j'aimerais semer moi-même mes fleurs. Quelles sont les plantes faciles à produire ?**

Les fleurs sont faciles à semer et il suffit souvent de se rapporter à l'emballage des graines pour produire des plantes en quantité et de qualité. Faites-vous la main sur le muflier.

Autrefois nommé gueule-de-loup, le muflier se sème en godets en mars et avril et se repique en pleine terre en mai.

**78 - À quel moment faut-il semer les myosotis ?**

Les myosotis sont des plantes bisannuelles. Leur cycle végétatif s'étale sur deux années. Ils se sèment en été.

**79 - Quelle est la différence entre un narcisse et une jonquille ?**

La jonquille est une variété de narcisse dont les feuilles ressemblent à celles du jonc, tout simplement.

**80 - Quelle est la méthode la plus simple pour reproduire des œillets ?**

C'est le bouturage. Il vous suffit de prélever 10 cm sur une tige de l'année. Plantez la bouture dans un petit pot rempli de terreau. Arrosez. C'est l'une des plantes les plus faciles à multiplier.

**81 - Je n'arrive pas à conserver mes œillets d'Inde, leur feuillage est dévoré la nuit. Quel est l'animal responsable et comment lutter ?**

Les œillets d'Inde attirent tous les escargots du jardin. Il est impossible de les conserver sans avoir répandu des granulés anti-limaces. Mais cet empoisonnement est préjudiciable à quantité d'autres animaux comme les hérissons. Essayez d'évacuer les gastéropodes à la main et si la tâche est impossible, plantez d'autres fleurs.

**82 - Il existe des œillets d'Inde, des œillets de poète, des œillets de Chine. Il existerait aussi des œillets-de-Dieu ?**

C'est exact mais ils n'ont d'œillets que le nom. Il s'agit en fait des *Lychnis* plus connu sous le nom de « coquelourdes ».

**83 - A-t-on le droit de planter des pavots ?**

Tous les pavots ne produisent pas des substances narcotiques. Il vous est possible par exemple de planter en mai les merveilleux pavots d'Islande. Leurs fleurs roses, rouges, jaunes ou blanches sont splendides et donnent à votre jardin champêtre un aspect très agréable.

**84 - Les pavots réclament-ils une culture particulière ?**

Les pavots s'achètent le plus souvent en godets. Pour éviter que la

plante ne s'épuise, coupez les fleurs fanées pour éviter qu'elles ne montent en graines.
Coupez court les tiges et vos pieds refleuriront à l'automne.

**85 - Toutes mes pensées sont pourries. Pourquoi et que faire ?**

Fort heureusement, la pourriture des pensées n'affecte que rarement les massifs de fleurs. Vous devez arracher toutes vos plantes et les brûler. Abstenez-vous les années suivantes de replanter des violettes et des pensées au même endroit.

**86 - Pourquoi dit-on que les pensées sont des bisannuelles alors qu'elles ne vivent en général qu'une année ?**

Beaucoup de pensées se comportent en vivaces et peuvent fleurir plusieurs années de suite mais cela reste marginal. Une pensée se sème en été et fleurit l'année suivante. Son cycle biologique est à cheval sur deux années, elle est donc bisannuelle.

**87 - Peut-on conserver d'une année sur l'autre des pélargoniums cultivés en pleine terre ?**

Les pélargoniums sont gélifs et ne résistent pas à l'hiver. Il vous est possible de les conserver en pratiquant ce qui se fait depuis toujours dans les campagnes. À la fin de l'automne, arrachez-les et taillez l'extrémité des racines que vous recouvrirez ensuite de papier journal. Réduisez des deux tiers les tiges et suspendez les pélargoniums dans une pièce fraîche. Prenez soin de les distancer. Plantez-les dans votre jardin dès que les gelées ne sont plus à craindre. Arrosez immédiatement après la plantation.

**88 - Quand doit-on semer les pélargoniums ?**

Les pélargoniums se sèment de décembre à février. Il faut une vingtaine de jours avant que les graines ne germent.

**89 - Des petits papillons vont toujours autour de mes pélargoniums. Qui sont-ils ?**

Ils sont appelés « papillon du géranium ». Ils pondent sur les feuilles et les tiges. Les larves mangent les boutons des fleurs et peuvent causer la mort de la plante. Pour réduire l'infestation, arrosez le revers des feuilles de temps à autre et uniquement le soir. Et supprimez à la main les chenilles visibles.

**90 - Les pélargoniums réclament-ils beaucoup d'eau ?**

Pour obtenir de beaux pélargoniums, il est bon d'arroser une fois par semaine au printemps. Lorsqu'ils sont bien développés, n'hésitez pas à les laisser sans eau quelque temps, cette petite sécheresse favorisera la floraison.

**91 - Quelle est la meilleure période pour planter des perce-neige ?**

Les perce-neige se plantent en début d'automne dans des terres riches et ombragées. Une fois installés, il ne faut plus les déplacer pour leur permettre de se répandre naturellement sur l'ensemble du jardin.

**92 - Quelle exposition convient le mieux aux pervenches de Madagascar ?**

Les pervenches apprécient les situations ensoleillées. Dans les région les plus chaudes du sud de la France, il est conseillé de les planter en situation légèrement ombrée mais très lumineuse.

**93 - Quand doit-on semer les pétunias ?**

Le semis des pétunias est délicat. Les résultats sont souvent décevants et il est conseillé de les acheter en godets. Si vous souhaitez néanmoins les produire vous-même, semez-les en mars dans un terreau très fin et une pièce chauffée à 20 °C. Sitôt les graines levées, installez votre terrine dans une pièce lumineuse et protégée des rayons du soleil. Réduisez la température à 14-15 °C. Rempotez en godet et plantez-les dans le jardin vers le mois de mai.

**94 - Puis-je transplanter mes pivoines ?**

Il est possible de déplacer les pivoines en août et en septembre mais il faut savoir qu'elles détestent être dérangées. Une pivoine en bonne santé et qui n'a fait l'objet d'aucune manipulation peut vivre quatre-vingts ans.

**95 - Faut-il tailler les pivoines herbacées ?**

Les pivoines produisent au printemps des fleurs magnifiques. Vous pouvez tailler vos pivoines mais cette taille n'influence nullement la floraison. Elle est seulement esthétique. Supprimez les fleurs fanées et les tiges mortes ou mal positionnées.

**96 - Mes roses trémières flétrissent au soleil. Que faire ?**

Les roses trémières vivent sous le soleil. Comme pour toutes les fleurs, la durée de floraison est limitée et le soleil accélère le déclin. Il n'y a rien à faire.

**97 - Quand doit-on semer les roses trémières ?**

Les graines de roses trémières sont mûres en juin et juillet. Elles se sèment donc en été.

**98 - Mes roses trémières sont mangées par des petites bêtes et ont le feuillage qui roussit. Comment traiter ?**

Le rougissement est dû à un champignon, la rouille. Et quantité d'insectes se délectent du feuillage. Mais l'intérêt des roses trémières, c'est la floraison. Et ni la rouille ni les insectes ne tueront la plante. On ne traite pas.

**99 - Mes rudbeckias sont magnifiques et je souhaite les multiplier. Quand et comment procéder ?**

Il est possible de reproduire les rudbeckias par division de touffe. Cette division s'effectue de préférence au début du printemps. Replantez les jeunes pieds sans attendre.

**100 - Quelle est la sauge la mieux adaptée pour faire soi-même des infusions ?**

Il existe une grande diversité de sauges et toutes ne sont pas utilisables pour les infusions. Il est bon de semer la sauge officinale, *Salvia officinalis*, dès que les gelées ne sont plus à craindre dans une terre de préférence calcaire. Il vous sera possible de cueillir les fleurs tout l'été.

**101 - Je recherche des soleils de très grandes dimensions. Comment s'appellent-ils ?**

Le soleil a pour nom botanique *Helianthus*. Pour trouver des plants capables de grimper à 3 m de hauteur, cherchez des graines d'*Helianthus annuus* 'Giganteus'. Ils sont annuels et meurent avec l'hiver. Aussi vous est-il conseillé de récupérer les graines avec soin pour les replanter l'année suivante.

**102 - Est-il exact que les fleurs de soucis sont comestibles ?**

Les fleurs de soucis ne sont pas seulement comestibles, elles sont réputées pour leurs qualités aromatiques. Les fleurs n'en seront que meilleures si elles ont été cueillies le matin. Les soucis peuvent se semer directement en pleine terre au printemps mais il est plus sage de les produire en godets. Les plants seront repiqués en mai tous les 30 cm.

**103 - Est-il possible de planter des surfinias dans un massif ?**

Le surfinia n'est pas réservé aux jardinières. Il se plaît en pleine terre et convient parfaitement aux massifs. Prenez soin de conserver le sol humide en permanence.

**104 - J'ai malencontreusement déversé de l'eau de Javel dans mon massif de fleurs. Que faire ?**

La seule chose à faire pour atténuer les conséquences préjudiciables est d'arroser copieusement vos fleurs pour lessiver l'eau de Javel et favoriser sa dispersion en terre.

**105 - Quelle est la meilleure méthode pour conserver hors de terre mes oignons de tulipe ?**

N'arrachez pas les bulbes après la floraison. Attendez que le feuillage soit jaune pour les extirper de terre. Laissez-les sécher dans une clayette puis conservez-les dans un local frais, sec et aéré.

**106 - Le feuillage de mes tulipes est ponctué de taches brunes.**

**La tulipe produit en même temps une tige rabougrie. Elle ne fleurit que peu. Qu'est-il possible de faire ?**

Le *Botrytis tulipae* est un champignon qui prolifère par temps humide. Lorsque les dégâts apparaissent, il est trop tard pour traiter. Face à cette maladie appelée non sans raison « feu de la tulipe », il est conseillé d'arracher toutes les plantes atteintes et de les détruire. Veillez à faire sécher les bulbes sains avant de les stocker et ne conservez pas ceux pour lesquels un risque de contamination existe.

**107 - J'aimerais planter des violettes au pied de mes rosiers. Ne vont-elles pas les étouffer ?**

Les violettes fleurissent en hiver et il n'y a aucun risque d'étouffement. Mais les arrosages de vos rosiers en été puis des violettes en automne si la saison est sèche risquent de favoriser des champignons nuisibles aux rosiers et aux violettes. Il est toujours préférable de ne pas planter de fleurs dans les massifs de rosiers.

**108 - J'ai semé des zinnias pour la première fois. Je suis déçu car ils ne produisent qu'une seule et longue tige et de fait une seule fleur par pied. Existe-t-il un moyen de les rendre plus florifères ?**

Les zinnias sont de culture simple. Pour ramifier le plant et augmenter le nombre de fleurs par pied, il suffit de pincer la tige en juin. Ce pincement favorise le départ de nouvelles pousses qui porteront toutes de nouvelles fleurs.

# 8 Les arbustes, arbres feuillus et conifères

## Les arbustes

**1 - J'ai un petit jardin et je serais heureuse de planter quelques arbustes qui fleurissent en hiver. En connaissez-vous ?**

Il existe quantité d'arbustes qui fleurissent en hiver. Le laurier tin produit de belles fleurs blanches à l'extrémité des tiges, le *Viburnum fragrans* fleurit délicieusement rose, le *Cornus mas* est couvert de fleurs jaunes très tôt au printemps, le *Daphne odorata* qui embaume, l'*Hamamelis molis* ou encore le *Chimonanthus praecox*.

**2 - J'habite en bord de mer et je souhaite planter une haie. Quels sont les arbustes adaptés ?**

Il vous faut choisir des végétaux qui tolèrent les embruns et résistent au vent. Vous avez le choix entre le fusain, le cyprès, le mimosa des quatre saisons, le genêt ou encore le tamaris. Mais le plus sage est de vous promener aux alentours et vous découvrirez par vous-même quantité de plantes qui ne souffrent pas de la proximité de la mer.

**3 - Je n'ai pas beaucoup de place dans mon jardin mais j'aimerais planter une haie fleurie et odorante. Est-ce possible ?**

Beaucoup d'arbustes produisent des fleurs odorantes. Une haie à fleurs qui sentent bon peut être plantée de lilas, de *Skimmia japonica*, de seringat, d'oranger du Mexique, de clérodendron, de daphné, de chèvrefeuille en arbuste et de troène. Le troène est un arbuste très commun qui embaume quand il fleurit mais son aspect moyen et sa floraison discrète ne nous encouragent pas à nous approcher de lui pour profiter de ses senteurs.

**4 - Je souhaiterais planter des arbustes à écorces décoratives. En existe-t-il beaucoup ?**

Beaucoup d'arbustes produisent des écorces décoratives. Les cornouillers, l'*Acer palmatum 'Sango Kaku'* et son écorce rose vif, l'*Acer pennsylvanicum erythrocladum* aux teintes roses puis rouges et saumonées, l'*Arbutus x andrachnoïdes* et sa magnifique écorce aux teintes multiples, le pseudocydonia de Chine qui possède un branchage coloré de jaune et d'orange.

**5 - Quels sont les arbustes à éviter dans les jardins fréquentés par les jeunes enfants ?**

Les baies qui poussent sur les arbustes tentent souvent les enfants, d'autant que certaines sont sucrées et de couleurs vives. Il faut éviter de planter des végétaux qui produisent des fruits toxiques ou de conserver des mauvaises herbes ou plantes parasites tout aussi dangereuses. Les baies des arums tachetés, du tamier, du muguet, de la douce-amère, de la belladone ou encore du fusain d'Europe représentent une réelle menace, ainsi que les fruits de l'if. La consommation des fruits engendre de lourds problèmes de santé. En cas d'absorption, il est urgent de contacter les services médicaux.

**6 - Comment tailler son abélia ?**

Comme tous les arbustes qui fleurissent au printemps, l'abélia se taille après la floraison. Supprimez le bois mort et les branches peu esthétiques et éclaircissez légèrement le centre de l'arbuste.

**7 - Mon abélia a souffert du froid. Il est très endommagé. Que faire ?**

L'abélia, comme la majorité des arbustes, possède des ressources. Il vous suffit de le couper au ras de la souche. Il reproduira dès le printemps de nouvelles branches et retrouvera sa beauté en quelques mois.

**8 - Les abutilons craignent-ils le froid ?**

Ces petits arbustes sont originaires du Chili. Ils doivent être abrités en hiver. Dès la fin de l'automne et jusqu'au début du printemps, il vous faudra réduire les arrosages. Si votre plante est cultivée en pot, rempotez-la en mars-avril et coupez le branchage des deux tiers.

**9 - Les fruits de l'amélanchier sont-ils comestibles ?**

L'Amélanchier lamarckii produit en été des petites baies bleutées. Elles sont comestibles. L'amélanchier ne réclame aucune taille pour fructifier et cet arbuste, qui peut atteindre 8 m de haut, fleurit magnifiquement au printemps.

**10 - Les arbousiers supportent-ils la taille ?**

Les arbousiers aiment les régions chaudes et en particulier la côte atlantique. Ils tolèrent les tailles régulières et peuvent êtres plantés en isolé, en haie ou en groupe de plusieurs individus.

**11 - Est-il exact qu'il ne sert à rien d'arroser un arbousier ?**

Un arbousier doit être arrosé à la plantation et les années qui suivent si les printemps sont chauds et secs. Une fois installé, il est parfaitement inutile d'arroser les arbousiers qui tolèrent la chaleur et les canicules même si elles persistent plusieurs semaines.

**12 - J'ai un terrain en pente et je souhaiterais y planter des végétaux qui demandent peu d'entretien. Quel est l'arbuste le mieux adapté ?**

L'argousier est parfaitement indiqué. Il pousse vite et produit quantité de rejets qui maintiennent la terre. Il a besoin d'être maintenu par une taille tous les deux ou trois ans. Cet arbuste épineux produit un joli feuillage bleuté et des baies décoratives à la fin de l'été.

**13 - Les fruits de l'argousier sont-ils comestibles ?**

L'argousier ou *Hippophae rhamnoides* produit à la fin de l'été quantité de baies de couleur jaune orangé. Elles peuvent être cuisinées pour devenir confiture ou gelée.

**14 - J'ai une haie constituée d'aubépine écarlate. Les baies sont-elles comestibles ?**

Le *Crataegus coccinea* est l'une des aubépines les plus employées dans nos jardins. L'aubépine écarlate produit à la fin de l'été des baies rouges de la grosseur d'une petite cerise. Ces fruits peuvent être mangés directement sur la plante et utilisés en gelées, confitures, sauces ou marmelades.

**15 - Ma haie d'aucubas n'est pas très belle. Le feuillage des arbustes a perdu ses teintes panachées. Que faire ?**

Il n'y a pas grand-chose à faire. Les aucubas aiment les situations ombrées et le plein soleil estompe la couleur du feuillage. Déplacez-les si vous le pouvez et plantez les innombrables arbustes qui aiment vivre sous le soleil.

**16 - Faut-il supprimer les fleurs fanées des azalées ?**

Ce n'est pas une obligation mais il est possible de le faire pour donner à votre massif un aspect entretenu. Ce nettoyage vaut également pour les rhododendrons et quantité d'autres plantes fleuries.

**17 - J'ai planté des bambous et mon voisin me déconseille de les arroser, ces plantes étant d'après lui résistantes à la sécheresse.**

Il n'en est rien. Les bambous, surtout s'ils viennent d'être plantés, réclament beaucoup d'eau. L'arrosage doit être suivi particulièrement en été et il faut veiller à conserver autour d'eux une terre fraîche et humide mais sans excès.

**18 - J'ai peur que les racines de mes bambous ne partent sous ma maison et ne fassent des dégâts. Mes craintes sont-elles justifiées ?**

Les racines sont attirées par l'humidité et par la lumière. Ils ne produiront jamais de pousses dans l'obscurité totale. Vous pouvez dormir tranquille. Mais attention aux bambous plantés trop près des terrasses et allées, leurs racines peuvent soulever le dallage.

**19 - Je souhaite me débarrasser d'un bouquet de bambous couvrant plusieurs mètres carrés. Ils produisent des racines qui refont surface à plus de 10 m. Existe-t-il une solution radicale et définitive ?**

Il existe des débroussaillants efficaces mais ils sont terriblement polluants. La seule méthode est l'arrachage à la bêche. C'est long, fatigant, mais efficace.

Pour limiter l'extension des bambous, la mise en place dans le sol d'une paroi métallique et enfoncée verticalement est efficace et peu coûteuse.

**20 - Quand faut-il couper les bambous pour qu'ils ne se cassent pas ?**

Pourquoi voulez-vous qu'ils se cassent ? Il est évident qu'il faut éviter de planter des bambous sur des emplacements trop ventés. Les bambous sont des plantes fines et élégantes qui perdent tout esthétisme lorsqu'elles sont taillées. Visitez la bambouseraie d'Anduze dans le Gard et vous contemplerez de grands et beaux bambous qui n'ont fait l'objet d'aucune coupe.

**21 - Le boule-de-neige réclame-t-il des soins particuliers ?**

Autrement nommé *Viburnum opulus*, cet arbuste fleurit au printemps. Il est conseillé après la floraison de couper des deux tiers toutes les branches qui ont porté des fleurs. Supprimez aussi les branches les plus âgées, grêles ou endommagées.

**22 - Mon buddleia est magnifique et j'hésite à le tailler. Que faire ?**

Appelé « arbre aux papillons », le buddleia fleurit abondamment en été. Sitôt les fleurs fanées, coupez les tiges de moitié et n'hésitez pas à le rabattre court si la base est dégarnie ou s'il n'a pas fait l'objet de taille les années précédentes.

**23 - Je souhaiterais déplacer un vieux buis. Quand puis-je le faire ?**

Avant de déplacer tout végétal âgé, il est bon de savoir qu'une transplantation représente un risque pour la plante. Le buis se déplace avec une motte et si le sujet est d'importance, il est indispensable de le cerner l'année qui précède la transplantation. Cette opération se réalisera en automne ou en hiver.

**24 - À quelle époque doit-on tailler les buis ?**

Les buis ne se taillent que si l'on souhaite leur donner une forme particulière. La taille se fait généralement au printemps puis à l'automne pour les buis de bordures et les topiaires.

**25 - Ma haie de buis est blanche en surface. Quelle est cette maladie ?**

Il ne s'agit pas d'une maladie mais des conséquences d'une taille trop printanière. Le gel provoque sur les jeunes coupes ce blanchiment peu esthétique mais sans conséquence sur la santé du végétal.

**26 - Je suis désespéré. Je taille avec soin un vieux buis en topiaire et depuis peu, des branches se dégarnissent et il perd ses feuilles par milliers. De quoi souffre-t-il ?**

Votre buis souffre d'une attaque importante de cochenilles. Il est indispensable de réagir. Cessez immédiatement tout emploi de pesticides. En traitant votre jardin, vous risquez de tuer des insectes prédateurs des cochenilles. Taillez l'arbuste à l'automne et insistez sur les parties contaminées. Nettoyez au savon noir les feuilles abritant les cochenilles. Si elles se maintiennent, traitez avec un produit adapté au printemps et en été et après avoir pris conseil auprès d'un spécialiste (horticulteur ou paysagiste).

**27 - La base de mes buis est jaune et les feuilles tombent. Que faire ?**

Votre chien est à l'origine du jaunissement de vos buis. Il fait ses besoins régulièrement sur les arbustes et l'urine est la cause des dégâts observés. Il n'y a pas grand-chose à faire. Un arrosage régulier des buis touchés limite les conséquences mais il y a fort à parier que votre chien renouvellera cette pratique préjudiciable à la santé de vos plantes.

**28 - Des petites bestioles mangent le feuillage de mes camélias. Existe-t-il un traitement ?**

Vos camélias sont colonisés par des otiorrhynques, des insectes qui, au repos le jour et actifs la nuit, sont de ce fait difficiles à observer. Les dégâts affectent la quasi-totalité des plantes ornementales. Éliminez-les à la main dès la tombée du jour pour éviter la propagation dans le sol des larves. Fort heureusement, les adultes ne sont guère dangereux pour les plantes saines mais il en est tout autrement des larves qui mangent les racines.

**29 - On m'a dit que les camélias résistaient au froid. Est-ce vrai ?**

Les camélias supportent les gelées importantes. Mais il n'en est pas de même pour les fleurs, qui ne survivent pas aux gelées. Il est donc déconseillé de planter des camélias dans les régions où les gelées tardives sévissent fréquemment.

**30 - Pourquoi mon camélia s'élargit-il mais ne pousse pas en hauteur ?**

Il n'y a pas toujours de réponses aux questions. Pourquoi des hommes sont grands quand d'autres sont petits ? Le camélia, comme tous les végétaux, est attiré par la lumière. Peut-être qu'il reçoit davantage de soleil latéralement. Pour l'encourager à pousser droit, taillez légèrement les branches. Cette coupe favorisera la production d'un feuillage compact et devrait l'aider à pousser verticalement.

**31 - Le mot camélia s'écrit-il avec un ou deux « l » ?**

Le nom botanique du camélia s'écrit *Camellia*. Mais en 1848, Alexandre Dumas écrit *La Dame aux camélias*. L'auteur semble ignorer l'orthographe exacte de la plante et l'écrit avec un seul « l ». Son ouvrage est un succès et le camélia reste ainsi orthographié dans le langage populaire.

**32 - Les feuilles de mes camélias sont recouvertes d'une pellicule noire. De quoi s'agit-il et faut-il traiter ?**

Vos camélias sont sujets à la fumagine. La fumagine est un ensemble de champignons qui se développent à la surface des feuilles. Ils se développent sur les excréments et le miellat des pucerons et des insectes piqueurs. Nettoyez les feuilles avec du savon noir et si l'attaque est importante, employez un fongicide. Mais cet emploi doit être précédé d'un insecticide pour éliminer les origines du problème. Fort heureusement, les attaques sont rarement graves et la fumagine disparaît souvent d'elle-même.

**33 - Quand faut-il tailler les caryoptéris ?**

Les caryoptéris sont des arbustes frileux qui n'apprécient pas le gel. Il est donc conseillé de les tailler au printemps lorsque les grosses gelées ne sont plus à craindre. Le caryoptéris fleurit sur le bois de l'année précédente. En mars ou avril, réduisez à trois yeux les branches qui ont fleuri et supprimez le vieux bois.

**34 - J'ai taillé court mes céanothes et je me rends compte de mon erreur. Pourquoi ceux de mon voisin prospèrent-ils même coupés très ras ?**

Il existe plus de cinquante variétés de céanothes. Ces arbustes n'aiment pas être taillés sévèrement excepté le plus connu, le 'Gloire de Versailles', qui demande une taille rase au début du printemps.

**35 - Mon céanothe a une grosse branche desséchée. Que faire pour que cela ne gagne pas l'ensemble de l'arbuste ?**

Les plantes sectorisent leurs organes et se séparent des branches qui causent problème. Il est fréquent qu'un arbre ou un arbuste produise des branches sèches sans raison. Contentez-vous de couper à la base cette branche desséchée.

**36 - Mon cognassier fleurit magnifiquement mais donne peu de fruits. Pourquoi ?**

Il existe le cognassier planté pour ses fruits, les coings, et le cognassier du Japon intéressant pour sa floraison. Votre arbuste est un cognassier du Japon et il ne produira pas les fruits que vous espérez.

**37 - Mon cognassier du Japon a le feuillage en partie dévoré et est maculé de quelques taches brunes. Faut-il traiter ?**

Les feuilles présentent les symptômes d'une attaque des larves des tenthrèdes limaces. Les dégâts sont souvent limités et ne justifient pas de traitement.

**38 - Quel est le nom du cornouiller qui fleurit jaune et très tôt au printemps ?**

Il s'agit du *Cornus mas*, également nommé cornouiller mâle. Il peut atteindre 8 m de haut. Il produit en été de délicieuses baies à consommer en confiture, en gelées ou directement sur l'arbre.

**39 - J'ai planté des cornouillers pour la couleur de leurs rameaux. Dès le printemps, ils ont perdu leur éclat. Que faut-il faire ?**

Ne touchez à rien. Au printemps et en été, les cornouillers sont appréciés pour la teinte de leurs feuilles et une floraison agréable. La beauté de leur écorce s'estompe et réapparaît avec l'automne. Le bois des cornouillers devient splendide en hiver et principalement quand il gèle. N'hésitez pas à supprimer quelques branches âgées qui perdent de leur éclat avec les années. Cette coupe favorisera le départ de nouvelles tiges très colorées.

**40 - Parmi tous les cornouillers, quels sont ceux qui produisent la plus belle écorce en hiver ?**

Le *Cornus stolonifera flaviramea* produit des rameaux jaunes et l'écorce du *Cornus alba sibirica* est rouge vif en hiver. Le plus beau des cornouillers est le *Cornus sanguinea* 'Winter flame'. Ses tiges prennent des teintes jaune orangé dès l'automne.

**41 - Faut-il tailler l'arbre à perruques ?**

Le *Cotinus coggygria*, l'arbre à perruques, ne réclame aucune taille. Il est simplement possible de couper l'extrémité de ses branches certaines années pour contenir son développement.

**42 - Mon cotinus a beaucoup souffert de la sécheresse. Certaines branches sont jaunes et desséchées. Dois-je les couper ?**

Les branches mortes se dégradent et favorisent la venue des champignons et insectes. Il est conseillé pour votre cotinus et tous les arbustes souffrant des mêmes problèmes de supprimer les branches mortes et endommagées.

**43 - Ma haie de cotonéasters a été splendide plusieurs années. Elle a maintenant tendance à se dégarnir et à moins fructifier qu'auparavant. Est-il possible de rabattre les arbustes ?**

Vous faites très certainement allusion au *Cotoneaster lacteus*. Ce cotonéaster a tendance avec les années à se dégarnir de la base. N'hésitez pas, dès cet automne, à réduire de moitié son branchage. La fructification sera décevante cet hiver mais retrouvera son intérêt l'année prochaine.

**44 - Mes daphnés sont splendides et les senteurs qu'ils dégagent sont très agréables. Quelle est la meilleure période pour les tailler ?**

Beaucoup de plantes prospèrent sans l'intervention de l'homme. Le daphné ne réclame aucune taille pour fructifier. Contentez-vous de couper les branches grêles et mal positionnées.

**45 - Faut-il tailler le deutzia ?**

Le deutzia se taille juste après la floraison. Supprimez les branches les plus âgées et aérez le centre du végétal. Ôtez le bois mort et les branches grêles.

**46 - Faut-il tailler les éléagnus ?**

Pour que son feuillage soit compact, il est conseillé de tailler l'éléagnus d'un tiers après deux ou trois années de plantation. Une fois installé, une coupe légère suffira à lui conserver la forme voulue.

**47 - Mon escallonia se dégarnit de la base. Dois-je le tailler ?**

L'escallonia est un bel arbuste qui fleurit en été. Pour qu'il reparte de la base, taillez-le court après et seulement après la floraison.

**48 - Est-il possible de bouturer les escallonias et les céanothes ?**

Les escallonias peuvent se bouturer en été sur les rameaux herbacés. Ils peuvent aussi se marcotter et se semer. Les céanothes se bouturent aussi mais réclament davantage d'attention. Les boutures se font au printemps sur les jeunes tiges et en août pour les variétés à feuillage persistant.

**49 - Mon forsythia est devenu trop grand et semble âgé. Peut-on le rajeunir ?**

Rajeunir est un terme excessif mais il est possible de lui redonner un aspect jeune et de renforcer sa floraison.

Taillez très court les tiges les plus âgées et réduisez des deux tiers les tiges les plus jeunes.

**50 - Faut-il protéger les fusains du froid ?**

Les fusains résistent à la canicule, aux embruns et au froid. Il est inutile de les protéger.

**51 - Les fusains doivent-ils être taillés ?**

Le fusain est un bel arbuste à feuillage persistant. On se limite à supprimer les branches mortes ou disgracieuses. Lorsque les fusains constituent une haie, on les taille légèrement chaque année en évitant de procéder pendant les périodes de gel.

**52 - Comment faut-il tailler le groseillier à fleurs ?**

La floraison du groseillier à fleurs est estivale. Il sera taillé sitôt les fleurs fanées. Coupez d'un tiers l'ensemble du feuillage et si le pied est faible, n'hésitez pas à le rabattre de moitié.

**53 - Chaque année, mon hibiscus produit quantité de boutons. Mais les fleurs ne s'ouvrent pas. Pourquoi ?**

L'hibiscus ou althéa est un bel arbuste. Il produit de grandes fleurs blanches, roses, rouges ou violette. Il ne fleurit pas dans les sols secs. Dès l'apparition des boutons, arrosez régulièrement et raisonnablement pour maintenir en permanence la terre humide, condition indispensable pour le voir fleurir.

**54 - Faut-il tailler les hortensias ?**

Lorsque votre hortensia est de grosse dimension et que sa floraison devient faible, il est souhaitable de rajeunir la plante en coupant les tiges âgées et en ne conservant que les plus jeunes. Cette opération est à réaliser en mars.

**55 - Mes hortensias perdent peu à peu leurs teintes bleutées. Que faire ?**

Dans les terres calcaires, les hortensias ne conservent pas leurs teintes bleutées. Les fleurs deviennent roses. Pour leur permettre de conserver leurs coloris, arrosez les hortensias avec des produits riches en aluminium. Ces produits se trouvent facilement dans les jardineries. Il est également possible d'arroser vos plantes avec du sel d'alun, sel disponible en pharmacie.

**56 - Mes hortensias ont le feuillage recouvert de petits cocons blancs. De quoi s'agit-il ?**

Les feuilles et certainement les tiges sont envahies par des cochenilles. Il vous est possible de les éliminer à la main mais ce sera long et pénible. Pour limiter leur prolifération, évacuez les feuilles dès leur chute et bêchez votre massif à l'automne pour éliminer les insectes qui passent l'hiver dans la terre.

**57 - Les hortensias doivent-ils être plantés à l'ombre ?**

Oui et non. Ils doivent être plantés en situation ombragée mais lumineuse ou sous un soleil léger (soleil matinal ou de début de soirée).

**58 - J'ai planté mes hortensias dans de la terre de bruyère et cela ne semble pas leur convenir.**

La terre de bruyère seule ne convient pas à l'hortensia. Elle doit être mélangée à du terreau et à de la terre de jardin.

**59 - Mon kolkwitzia vient de fleurir. Que faut-il faire ?**

Ce bel arbuste originaire de Chine produit de jolies clochettes roses. Dès la fin de la floraison, réduisez des deux tiers les branches qui ont porté des fleurs et supprimez le bois mort.

Mais attendez que l'arbre soit installé depuis quelques années avant de le tailler.

**60 - Mon lantana semble mort après un grand froid. Que puis-je faire ?**

Il n'y a rien à faire, il est impossible de redonner vie à une plante morte. Le lantana est un gros arbuste qui fleurit abondamment d'où son appellation de « mille fleurs ». Il a besoin de soleil et de chaleur et ne poussera vraiment que dans le Sud de la France.

**61 - Je désespère de voir mon laurier fleurir. Nous sommes en avril et il n'a pas encore de fleurs.**

De quel laurier s'agit-il ? Il en existe une grande diversité. Si ce laurier est le *Viburnum tinus*, il faudra patienter de longs mois car sa floraison est hivernale. Je pense que vous faites allusion au laurier rose qui fleurit généralement à partir de juin sous les climats qui lui sont favorables.

**62 - Les feuilles de mon laurier du Caucase s'enroulent. Pourquoi ?**

Les feuilles de votre laurier abritent des petites larves de psylles. Les adultes ressemblent à des pucerons. Coupez les feuilles et les tiges contaminées et brûlez-les. Les attaques sont rarement graves et ne justifient pas de traitement.

**63 - Mon laurier du Caucase est âgé et sa base est dégarnie. Puis-je le rabattre ?**

Le laurier du Caucase est rustique et peut être coupé court. Il est possible de rabattre toutes les branches au niveau de la souche. En quelques mois, il reproduira en quantité de jeunes branches vigoureuses et retrouvera en deux ou trois ans à peine un aspect buissonnant.

**64 - Mon laurier sauce a-t-il besoin d'être taillé ?**

On ne taille le laurier sauce ou laurier d'Apollon que si l'on souhaite lui donner une forme ou éviter qu'il ne devienne envahissant. Cette taille s'effectue toute l'année excepté lorsqu'il gèle.

**65 - Je dois faire des travaux et il faut que je coupe à la souche mon laurier sauce. Malgré cette taille sévère, va-t-il survivre ?**

Ce laurier est très résistant. Même coupé au niveau de la souche, il va émettre dans l'année de nouveaux rejets. En quelques années à peine, il aura retrouvé sa dimension et son apparence.

**66 - Nous sommes en mai et je souhaiterais rabattre mes lauriers roses devenus trop grands.**

Les lauriers roses tolèrent les tailles, même sévères, mais attendez la fin de l'automne pour ne pas vous priver de leur floraison estivale.

**67 - J'ai deux buissons de lauriers roses dont les feuilles jaunissent même si je les arrose tous les deux jours. Faut-il les arroser plus ou moins souvent ?**

Le jaunissement des feuilles indique souvent un trop-plein d'eau ou une sécheresse dans le sol. Vous arrosez trop vos lauriers roses. Une fois installé, le laurier rose n'a besoin d'être arrosé que pendant les longues périodes de sécheresse. En situation normale, un arrosage tous les quinze jours suffit dans les terres de jardin et un arrosage par semaine dans les sols sablonneux et exposés au soleil.

**68 - Après la floraison, des gousses apparaissent sur mon laurier rose. Dois-je les laisser ?**

Il vous est possible de les couper mais la plante ne le réclame pas. Ces gousses contiennent les graines et elles sont rarement nombreuses sur l'arbuste. Cette production est naturelle et n'affecte en rien la vigueur du laurier rose.

**69 - Je souhaite repiquer les rejets de mon lilas. Fleuriront-ils ?**

Les rejets de votre lilas fleuriront après quelques années. Mais ils produiront énormément de rejets qui affaibliront à court terme les lilas replantés. À déconseiller. Privilégiez le bouturage pour multiplier vos lilas.

**70 - Faut-il tailler les lilas ?**

Il est conseillé de couper de moitié les branches qui ont porté des fleurs. Profitez de cette opération pour supprimer le bois mort et les branches endommagées.

**71 - J'ai la chance de posséder, sans les avoir plantés, de magnifiques lilas dans mon jardin d'Aix-en-Provence mais ils souffrent terriblement en été. Quelle taille effectuer et quand pour les aider à résister à cette sécheresse ?**

La taille (voir ci-dessus) ne vient nullement en aide à une plante qui a soif en été. Il vous faudrait déverser des centaines de litres par jour pour satisfaire les besoins des lilas. S'ils sont beaux au printemps et viennent spontanément dans le jardin, ils ne sont pas en danger et se remettent des difficultés estivales. Il n'y a rien à faire.

### 72 - Mon lilas des Indes ne fleurit pas. Pourquoi ?

Le lilas des Indes ou *Lagerstroemia* aime les situations chaudes et ensoleillées. Planté à l'ombre, il ne fleurit pas et ne résistera pas aux hivers froids.

### 73 - Faut-il tailler le lilas des Indes ?

Le lilas des Indes fleurit magnifiquement en été. Une taille légère à l'automne favorise sa floraison. Taillez à deux ou trois yeux les branches et supprimez les tiges grêles et disgracieuses.

### 74 - Comment se multiplie le lilas des Indes ?

Le lilas des Indes peut se reproduire par bouturage. Les boutures se prélèvent au printemps et en été. Le semis donne aussi d'excellents résultats.

### 75 - Existe-t-il des arbustes qui apprécient l'ombre et fleurissent en hiver ?

Les arbustes qui fleurissent en hiver et à l'ombre sont rares. Les mahonias correspondent à vos attentes et en particulier le *Mahonia* x *media* 'Charity'. Il produit des fleurs jaunes disposées en grappes dressées et qui persistent tout l'hiver. Ce mahonia s'adapte à tous les sols et ne réclame pas de taille.

### 76 - J'ai planté à l'automne dernier un oranger du Mexique. Il ne pousse pas, les feuilles sont comme fanées et jaunissent. Que faire ?

L'oranger du Mexique est fragile et sa reprise souvent aléatoire. Il doit être planté avec sa motte de terre et copieusement arrosé. Il est fortement conseillé de choisir des orangers du Mexique de dimensions modestes qui reprendront avec plus de facilité que ceux de taille importante.

### 77 - Doit-on tailler les orangers du Mexique ?

Contentez-vous de supprimer les fleurs fanées et de couper les tiges cassées, mortes ou mal implantées. N'hésitez pas, tous les quatre ou cinq ans, à sectionner les tiges les plus anciennes pour rajeunir le pied.

### 78 - Le fruit des physalis est-il comestible ?

Il existe environ quatre-vingts espèces de physalis. Toutes ne produisent pas des fruits comestibles. Cette plante au joli nom, amour en cage ou lanterne japonaise *(Physalis alkekengi)*, aime les sols légers et craint le soleil brûlant. Pour récolter des fruits, les variétés *ixocarpa* ou *peruviana* sont recommandées.

**79 - Est-il nécessaire de tailler le photinia ?**

On taille le photinia pour lui donner une forme voulue et pour limiter son emprise. Cette taille légère favorise la pousse des jeunes tiges rouges et décoratives. N'hésitez pas à le tailler de moitié si l'arbuste est chétif.

**80 - Les pivoines en arbre peuvent-elles être semées ?**

La pivoine en arbre ne doit pas être confondue avec la pivoine herbacée. Ce petit arbuste fleurit magnifiquement et la tentation de le reproduire est grande. Après la floraison, récupérez des graines et déposez-les sur une terre composée de sable et de terreau. Recouvrez-les d'une pellicule de 1 cm de terreau de feuilles et conservez la terre humide en permanence. Il vous faudra faire preuve de patience. Le nouveau plant ne fleurira qu'après cinq années de culture et la fleur ne sera pas identique à celle produite par le pied-mère.

**81 - En rentrant de vacances, j'ai constaté que le feuillage de tous mes rhododendrons avait jauni. Est-ce une maladie ?**

Il n'est pas impossible que vos rhododendrons soient victimes du *Stephantis rhododendri*. Comme son nom l'indique, cet insecte aime les rhododendrons et se nourrit de leur sève. Les traitements existent mais il est d'abord sage de vérifier votre sol. La terre de bruyère sèche vite et vos plantes manquent peut-être tout simplement d'eau.

**82 - J'ai un magnifique rhododendron planté trop près d'un camélia. Quand pourrais-je le déplacer ?**

Les plantes de terre de bruyère sont fragiles et il convient de déplacer le rhododendron entre novembre et mars. Il est indispensable après la plantation de l'arroser copieusement et de veiller à conserver la terre de bruyère humide pendant le printemps et l'été.

**83 - Chaque été, les feuilles de mon rhododendron semblent fanées. Pourquoi ?**

Les rhododendrons sont des plantes de terre de bruyère. Celles-ci ne retiennent pas l'eau et se dessèchent vite. Il est indispensable d'arroser copieusement le massif pendant les grandes chaleurs. Mais si les symptômes persistent malgré les arrosages réguliers, les racines de vos rhododendrons sont contaminées par un champignon, le phytophtora. En cas d'attaque, les feuilles semblent fanées, jaunissent puis tombent. Il n'y a pas grand-chose à faire. Pour limiter la propagation de la maladie, réduisez les arrosages et décompactez la terre de bruyère qui a pu faire l'objet d'un tassement lors de sa mise en place.

**84 - Les boutons floraux de mes rhododendrons sèchent avant de s'ouvrir. Pourquoi ?**

Les cicadelles sont des petits insectes qui piquent la plante et lui transmettent un champignon. Les boutons floraux sont malades, sèchent et pourrissent. Coupez les boutons et brûlez-les. Pour lutter contre cette maladie, il convient d'éliminer les insectes. La décoction de prêles et la bouillie bordelaise donnent de bons résultats.

### 85 - J'habite à 1 000 m d'altitude. J'ai un rhododendron planté en 2003 qui n'a pas fleuri depuis deux ans et pourtant il continue de grandir. Pourquoi ?

Votre rhododendron semble se plaire et se développe bien. Il devait être en fleurs lorsque vous l'avez acheté mais il s'installe depuis dans votre jardin. Deux ans correspondent souvent au délai nécessaire à une plante pour bien s'implanter. Il devrait refleurir rapidement.

### 86 - Doit-on tailler les seringats ?

Il est recommandé de tailler les seringats après la floraison. Coupez court les branches qui ont porté des fleurs et réduisez de moitié les branches qui n'ont pas fleuri. Mais il est nécessaire d'attendre que les seringats soient plantés depuis quelques années avant de procéder ainsi.

### 87 - Mes spirées de Van Houtte étaient splendides mais depuis quelque temps la floraison s'estompe et la plante semble manquer de vigueur. Est-il trop tard pour faire quelque chose ?

Il n'est jamais trop tard pour rendre aux spirées vigueur et beauté. Juste après la floraison, rabattez les tiges qui ont fleuri. Supprimez tous les rejets et conservez les jeunes pousses qui fleuriront l'an prochain.

### 88 - Comment supprimer un sureau qui pousse dans un vieil if ?

Les sureaux sont des arbustes particulièrement vivaces. Les débroussaillants tueraient votre if. Seule une coupe régulière en viendra à bout. Mais le combat sera long et difficile.

### 89 - Les fruits du sureau sont-ils comestibles ?

Le sureau noir produit à la fin de l'été de magnifiques baies noires et luisantes. Ces baies ne sont pas seulement décoratives, elles peuvent être cuites et devenir de délicieuses confitures, compotes ou gelées. Elles peuvent aussi être consommées directement sur l'arbuste mais en quantité limitée sous peine de déclencher quelques maux d'estomac fort désagréables.

Attention, tous les sureaux ne produisent pas des baies comestibles. Le sureau yèble, également appelé « sureau en herbe » ou « petit sureau », produit des baies toxiques. Le sureau noir est un arbuste à écorce rigide et le sureau yèble est une plante herbacée à la végétation frêle et aérée.

**90 - Faut-il tailler les tamaris ?**

Les tamaris de bord de mer sont superbes et ne sont jamais taillés. Contentez-vous de supprimer le bois mort, les branches inesthétiques ou abîmées. Coupez l'extrémité des branches chaque année pour limiter leur croissance et pour éviter qu'ils ne se dégarnissent de la base.

**91 - Mes troènes sont envahis par les ronces. Comment puis-je m'en débarrasser ?**

Il n'y a pas de miracle et seul un nettoyage manuel sera efficace. Une haie s'entretient régulièrement. Le nettoyage des haies évite l'installation de ronces qui deviennent vite envahissantes et difficiles à supprimer.

**92 - Les feuilles de mes troènes sont dévorées par des insectes « artistes » qui dévorent de manière régulière et circulaire le feuillage. Comment traiter ?**

Vos troènes hébergent des mégachiles. Ces insectes sont rarement dangereux pour les plantes qu'ils consomment et sont de plus des insectes pollinisateurs. Il ne faut pas les détruire.

**93 - Quelle est la meilleure période pour tailler une haie de troènes ?**

Les troènes sont des arbustes rustiques qui peuvent se tailler toute l'année. Mais il est conseillé de procéder aux coupes au printemps et en été pour offrir à la haie une apparence soignée.

**94 - Il paraît que le vinaigrier est une plante toxique. Est-ce vrai ?**

Le vinaigrier, *Rhus coriara*, est une variété de sumac. Son feuillage provoque par simple contact d'importantes irritations. Il doit être installé à l'écart des circulations et absent des jardins fréquentés par les enfants.

**95 - Les feuilles de mes viornes sont dévorées. Parfois, toute la feuille est consommée par un insecte. Que faire ?**

La galéruque de la viorne est un petit insecte qui se nourrit des feuilles des viornes en été. Les conséquences sont moindres que les dégâts de la larve du même insecte qui sévit au printemps. Seuls les insecticides peuvent mettre un terme à cette invasion mais les dégâts constatés justifient rarement un traitement.

**96 - Faut-il tailler les yuccas ?**

Ce sont des plantes de culture simple. Ils détestent les engrais, n'ont pas besoin d'être arrosés et ne réclament aucune taille. Pire, ils la détestent lorsqu'ils vivent à l'extérieur.

**97 - Je souhaiterais installer dans mon jardin un yucca mais j'ai lu qu'il vivait dans les terres sablonneuses. Puis-je néanmoins en planter ?**

Le yucca prospère sur les terrains pauvres, caillouteux et sableux. Mais il apprécie également les terres riches. Il fleurira somptueusement et plus rapidement qu'en terrain sec.

## Les arbres feuillus

**98 - Est-il permis de prélever des jeunes arbres dans la nature et de les replanter dans sa propriété ?**

Le prélèvement des arbres dans les forêts domaniales est strictement interdit et il vous faut l'accord du propriétaire lorsque les jeunes plants vivent sur une propriété privée.

**99 - La branche de l'arbre de mon voisin passe au dessus de la clôture. Ai-je le droit de la couper ?**

Vous ne pouvez la couper qu'avec l'accord de votre voisin. Il vous est possible de sectionner sans son autorisation les racines qui vous gênent à condition que vous ne mettiez pas en jeu la vie de l'arbre. Enfin, le fruit qui pousse sur la branche appartient au propriétaire de l'arbre et devient votre propriété s'il tombe chez vous.

**100 - Beaucoup de mes arbres ont les feuilles dévorées dès le printemps. Il arrive aussi de constater sur les fleurs quelques dégâts. De quoi s'agit-il et comment traiter ?**

Les cheimatobies sont des chenilles particulièrement actives au printemps. Elles s'attaquent aux feuilles et aux fleurs mais peuvent aussi endommager les fruits. Pour limiter leur propagation, il suffit de cerner le tronc de l'arbre d'un adhésif recouvert de glu. Les chenilles ne pourront accéder aux branches. Ce dispositif est disponible dans toutes les jardineries.

**101 - Les arbres de mon parc sont vieux de deux cents ans. Certains d'entre eux présentent un tronc creux. Dois-je les abattre ?**

C'est une chance d'avoir dans une propriété de vieux sujets et tout doit être entrepris pour les conserver. Si les cavités sont importantes, il convient de tenir à distance les éventuels visiteurs par la mise en place d'une clôture.

**102 - Au bout de combien de temps est-il possible d'enlever les tuteurs mis à la plantation des arbres ?**

Il vous est possible de retirer les tuteurs des jeunes arbres la troisième année s'ils vivent protégés des vents et il est conseillé d'attendre deux années supplémentaires pour les arbres de grande dimension ou exposés au vent.

**103 - Quels sont les arbres qui produisent les plus belles écorces ?**

Beaucoup d'érables et presque tous les bouleaux produisent des écorces décoratives. Mais ils ne sont pas les seuls. Le chêne-liège, le *Diospyros lotus*, les eucalyptus, le *Parrotia persica*, le *Prunus serrula* ou le *Prunus pennsylvanica* entourent le tronc d'écorces très esthétiques. Les vieux arbres développent aussi avec les années des troncs qui deviennent magnifiques. (Lire, du même auteur et aux mêmes éditions, *Le Monde des écorces*.)

### 104 - J'ai élagué de vieux arbres. Faut-il panser les coupes avec du produit cicatrisant ?

Il faut s'abstenir de couper les branches lorsque leur diamètre est important. Les plaies favorisent la pénétration des virus et des champignons. L'emploi des mastics et autres goudrons cicatrisants n'est d'aucune utilité et peut même ralentir la cicatrisation.

### 105 - Faut-il boucher le tronc creux des vieux arbres ?

Boucher le tronc creux des arbres est sans intérêt. Pire, vous risquez de favoriser le développement des pourritures et d'accélérer le dépérissement de l'arbre. En masquant les cavités, vous ne pouvez plus observer l'évolution du déclin et prévenir la dangerosité d'un arbre devenu fragile.

### 106 - L'écorce de mes arbres se détache. Est-ce normal ?

Beaucoup d'arbres produisent des écorces qui s'exfolient ou se détachent en lanières : les bouleaux, des érables, les platanes, les parrotias... Mais lorsque l'écorce tombe anormalement et sans raison, cela atteste de la grande faiblesse du végétal et indique une mort prochaine.

### 107 - Quels arbres peut-on planter dans des terres humides ?

Beaucoup d'arbres tolèrent l'excès d'humidité dans le sol quelques semaines par an. Il est possible de planter des aulnes, certains bouleaux (*Betula nigra* ou *Betula pubescens*), les peupliers, saules, sureaux, sorbiers, tulipiers, liquidambars, frênes...

### 108 - L'arbre que j'ai planté à l'automne ne pousse pas. Existe-t-il des produits pour activer la pousse ?

Non, il n'en existe pas. Si votre arbre tarde à pousser, c'est que la terre ne lui convient pas ou qu'il a été planté dans de mauvaises conditions. Déterrez le végétal, creusez un trou large et profond, changez la terre si elle est de piètre qualité et arrosez copieusement. N'omettez pas, si la plantation s'effectue à racines nues, de tailler l'extrémité des racines et de supprimer celles qui sont endommagées.

### 109 - Pourquoi est-il bon d'attendre l'automne pour planter les arbres et arbustes ?

La plantation est pour le végétal un traumatisme. Il lui est difficile de produire simultanément des feuilles, des fleurs et des fruits et en même temps des racines. En automne, seules les racines se développent et cette croissance ne nuit en rien à l'équilibre de la plante. À l'exception des végétaux aux racines sensibles comme le magnolia, il est conseillé de planter au début de l'automne. Les anciens disaient même qu'en plantant en novembre, l'arbre gagne un an.

### 110 - Du lierre grimpe sur le tronc d'un très vieux chêne. Faut-il le couper ?

Le lierre n'envahit que les végétaux dépérissants. Il n'est donc pas obligatoire de le couper.

Mais sa présence risque de masquer des problèmes de santé et il convient donc de limiter son extension.

### 111 - Excepté le hêtre pourpre, existe-t-il d'autres arbres au feuillage pourpre ?

Parmi les plus beaux arbres à feuilles pourpres, il est possible de citer l'érable pourpre, le *Malus* 'Crimson brillant', le bouleau pleureur pourpre, le *Prunus cerasifera nigra* ou encore le *Prunus cerasifera pissardii*.

### 112 - Je possède un jardin de petite dimension. J'aimerais planter des arbres qui ne grandissent pas trop. Lesquels choisir ?

Il vous est possible de planter des charmes à port fastigié, des sorbiers, des cytises, tous les pommiers et pruniers d'ornement, des aubépines, des amélanchiers, des saules tortueux, des koelreuterias, l'érable à papier et bien d'autres arbres encore. Consultez le catalogue des pépiniéristes, la taille des arbres adultes est souvent indiquée.

### 113 - Pourquoi certains végétaux perdent-ils leurs feuilles à l'automne ?

En automne, la lumière faiblit et la photosynthèse se réalise difficilement. C'est pour l'arbre le signal de l'approche de l'hiver. En cette saison, l'eau du sol peut geler et ne peut plus être absorbée par les racines. Pour ne pas souffrir de cette situation, l'arbre se débarrasse de son feuillage et se place en repos végétatif.

### 114 - Pourquoi les feuilles des arbres jaunissent-elles à l'automne ?

Le gel de l'eau va rendre son assimilation impossible par les racines. L'arbre produit à la base du pétiole un bouchon de liège qui bloque la sève. La feuille est privée de sève, puise dans ses réserves et consomme en priorité la chlorophylle, de couleur verte. Elle s'estompe alors et laisse apparaître les autres pigments de la feuille, pigments le plus souvent jaunes, orange ou rouges.

### 115 - Qu'appelle-t-on feuilles marcescentes ?

Les arbres qui perdent leur feuillage à l'automne sont caducs, ceux qui restent verts toute l'année sont persistants. Les hêtres ou les chênes produisent des feuilles qui sèchent à l'automne et tombent avec l'arrivée du feuillage printanier. Ces arbres sont marcescents.

**116 - Doit-on toujours mettre une fumure dans le trou de plantation ?**

Une fumure favorise le départ des radicelles. Ces petites racines absorbent l'eau du sol et sont indispensables à la plante. Le faire, c'est bien mais cela n'est pas nécessaire lorsque la terre du jardin est riche.

**117 - J'ai dans ma cour un faux-vernis du Japon qui pousse entre les pavés. Comment l'éliminer ?**

L'*Ailanthus altissima* supporte les terres polluées et sèches. De plus, il produit quantité de rejets. Il faut sans tarder les couper à la base et veiller à supprimer les nouvelles pousses dès qu'elles apparaissent. Les rejets poussent très vite et peuvent causer d'importants dégâts sur le pavage et la maçonnerie. Dans les cas extrêmes et en milieu urbain, l'emploi d'un débroussaillant sera toléré.

**118 - Peut-on planter des albizias au nord de la Loire ?**

Les albizias aiment la chaleur et ne résistent pas aux grands froids. Au nord de la Loire, il est conseillé de les planter dans un lieu protégé des vents froids. Recouvrez le tronc et le branchage d'une toile en hiver et paillez le pied.

**119 - J'ai planté en novembre dernier un albizia à racines nues. Celui-ci n'a fait depuis ni fleur, ni bourgeon, ni feuille. Va-t-il mourir ?**

Si votre arbre n'a produit aucune feuille, il est à craindre qu'il n'ait pas survécu aux gelées. L'albizia est un arbre sensible au froid qui ne supporte pas les hivers rigoureux.

Mais attendez que le printemps soit bien installé avant d'abattre l'arbre pour être absolument certain qu'il soit bien mort.

**120 - Les fleurs de mon albizia tombent à peine épanouies, elles sont collantes et sont couvertes de traces brunes. Quel est le problème ?**

Votre albizia souffre de la pourriture grise. Ce champignon, autrement nommé *botrytis* est favorisé par les coupes trop sévères, les chocs et l'excès d'humidité. Pour limiter la propagation de ce champignon aux autres essences, évacuez de votre jardin le compost et les déchets végétaux trop proches de l'arbre, cessez d'arroser, coupez puis évacuez les fleurs malades.

**121 - Pourquoi l'arbre de Judée s'appelle-t-il ainsi ?**

Son nom botanique est *Cercis siliquastrum*. On l'appelle arbre de Judée car la légende prétend que Judas s'y serait pendu. Chez nos voisins anglais, il a toujours son nom, arbre de Judas, mais les botanistes français ont préféré oublier cet épisode de la Bible et l'ont renommé arbre de Judée.

**122 - Je veux rabattre mon arbre de Judée. En quelle saison puis-je le faire ?**

L'arbre de Judée dépasse rarement les 10 m. Pourquoi vouloir le réduire ? Si vous devez néanmoins le faire, taillez les branches de préférence à l'automne ou en hiver.

**123 - Les bouleaux possèdent-ils tous une écorce blanche ?**

Tous les bouleaux produisent de belles écorces. Elles ne sont pas toutes blanches. Le *Betula nigra* possède un tronc beige qui devient rose orangé avec les années et le *Betula dahurica* dévoile une splendide écorce brune et beige qui s'assombrit avec les années. Il existe aussi le *glandulifera*, le *lenta*, le *maximowicziana* et bien d'autres bouleaux encore à écorces décoratives autres que blanches.

**124 - J'ai planté à l'automne un bouleau et il semble déjà mort. La souche est envahie de petits champignons.**

Votre arbre est victime de champignons appelés pourridiés des racines. Éliminez l'arbre et brûlez-le. N'oubliez pas, en arrachant la souche, d'extraire le maximum de racines. Si vous souhaitez planter un autre arbre sur le même emplacement, vous devrez impérativement changer la terre.

**125 - Des grosses branches de mes bouleaux ont séché brutalement. J'ai remarqué au pied de l'arbre un tas de sciure. Que faut-il faire ?**

Des chenilles cossus gâte-bois ont envahi le tronc de vos arbres. La lutte est difficile. Coupez et brûlez les parties infestées. Enfoncez dans les petits trous visibles sur le tronc et les branches un fil de fer pour tenter de tuer les chenilles. Quelques produits existent mais il est souvent trop tard pour que le traitement soit efficace.

**126 - Je dois faire des travaux dans mon jardin, une tranchée près de mes bouleaux est-elle dangereuse pour leur santé ?**

Toute blessure sur des racines peut être lourde de conséquences. Heureusement, certains arbres résistent mieux que d'autres. Vos bouleaux devraient tolérer cette intervention. De tels travaux sur de vieux hêtres entraîneraient la mort de l'arbre irrémédiablement.

**127 - Est-ce que tous les camélias fleurissent au printemps ?**

Les camélias du Japon fleurissent tôt au printemps. Mais il existe aussi les camélias « sasanquas » qui portent des fleurs en automne. Ces camélias sont en fleurs dès le mois d'octobre. La floraison est de qualité même si elle n'égale pas celle de ses cousins japonais.

**128 - La culture des camélias est-elle à la portée de tous ?**

Le camélia est un arbre peu compliqué à vivre. Il aime la terre de bruyère, redoute le calcaire et le soleil de midi. Il ne réclame aucune taille mais il est possible de couper légèrement l'extrémité des branches pour éviter que son feuillage ne s'éclaircisse.

**129 - Les feuilles de mon camélia sont recouvertes d'une substance noire et collante. Que faire ?**

Cette substance est de la fumagine, un champignon. Il se développe sur le miellat sécrété par des insectes piqueurs. Les dégâts sont rarement importants et disparaissent souvent sans traitement. S'ils persistent, il faudra d'abord éliminer les insectes puis employer un fongicide.

**130 - Peut-on bouturer les camélias ?**

Les camélias se bouturent en août. Le bouturage consiste à prélever l'extrémité d'une tige feuillue et de l'enterrer dans un mélange de terreau et de terre de bruyère. N'oubliez pas de supprimer la moitié des deux ou trois feuilles de la bouture.

**131 - On dit « se porter comme un charme » et pourtant le charme planté devant chez moi a les feuilles qui sèchent et qui tombent. Est-il malade ?**

Avez-vous observé à la base de l'arbre un petit tas de sciure de couleur rouge ? Si tel est le cas, votre charme abrite une chenille de zeuzère. Pour tenter d'éliminer ces belles chenilles jaunes, repérez les petits trous sur le tronc et les branches et introduisez un fil de fer pour tenter de les supprimer. Les insecticides existent mais il est souvent trop tard pour que le traitement soit efficace.

**132 - J'ai taillé court une haie de charmes qui n'avait fait l'objet d'aucun soin depuis longtemps. Certains pieds sont morts. Ils étaient couverts de petits points orange.**

La maladie du corail envahit le bois des arbres blessés et mutilés. Vos charmes ont été taillés trop court et ce champignon s'est installé. Coupez et brûlez les charmes atteints. Il existe quelques produits mais leur efficacité est réduite dans le temps.

**133 - Mon catalpa produit des feuilles énormes. Est-ce normal ?**

Les feuilles du catalpa sont de grandes dimensions et deviennent énormes lorsque l'arbre est taillé court. C'est très certainement la raison qui justifie votre étonnement.

**134 - J'ai découvert un arbre dont le tronc est couvert de liège mais qui produit des feuilles qui ressemblent à celles d'un châtaignier. De quel arbre s'agit-il ?**

Vous avez observé un chêne mais qui n'est pas un chêne liège. Il s'agit du *Quercus variabilis*, le chêne de Chine, qui produit lui aussi une écorce très liégeuse. Le chêne liège possède un feuillage persistant et le chêne de Chine un feuillage caduc.

**135 - J'ai un petit chêne de 70 cm de circonférence planté à 70 cm de la maison. Deviendra-t-il un péril pour la demeure ?**

Petit chêne deviendra grand. 70 cm, c'est déjà une belle taille et 70 cm, c'est très près de la maison. Que faire ? Cet arbre va se développer et devenir cause de soucis dans une vingtaine d'années. Est-ce raisonnable d'abattre un arbre qui ne sera gênant que dans vingt ans ? D'un autre côté, est-il sérieux de laisser vivre un arbre vingt ans de plus pour finalement le condamner ?

Il y a une décision à prendre mais elle ne peut être prise que par le propriétaire du terrain.

**136 - J'ai une haie de chênes d'une cinquantaine d'années attaquée par des capricornes. Que faire ?**

Ce n'est pas parce que vos arbres sont envahis de capricornes qu'ils vont mal, c'est parce que leur santé est déficiente que les capricornes y ont élu domicile. Attention, le grand capricorne est protégé. Avant tout traitement, consultez un spécialiste pour identifier avec certitude l'insecte envahisseur.

**137 - Comment protéger mes arbres des chevreuils et autres cervidés ?**

Les répulsifs ne sont pas efficaces, et les clôtures rarement un obstacle pour ces grands animaux. La seule parade est d'entourer d'un grillage les jeunes plantations et de laisser se développer en périphérie les broussailles qui leur permettront peut-être de s'alimenter ailleurs que dans votre jardin. Cette technique est à proscrire en été dans les régions sujettes aux incendies de forêts.

**138 - Mes jeunes chênes ont le feuillage dévoré par des chenilles. Existe-t-il un traitement ?**

Vos chênes sont victimes des chenilles dites « défoliatrices ». Les traitements existent mais il est difficile de traiter des arbres de grandes dimensions. Contactez les services techniques de votre mairie. Ils vous conseilleront efficacement.

**139 - J'ai dans le branchage d'un chêne un nid qui ressemble à celui de la processionnaire du pin. Existerait-il une processionnaire du chêne ?**

Elle existe bien et elle est d'ailleurs redoutable pour l'homme. Elle est particulièrement urticante et projette à distance son « venin ». Pour évacuer le nid, il est indispensable de porter des gants, des lunettes et des vêtements de protection. Le nid décroché sera ensuite brûlé.

**140 - J'ai planté un jeune chêne et son feuillage est recouvert de blanc. Comment traiter ?**

Votre chêne a le feuillage couvert d'oïdium, un champignon favorisé par la chaleur et l'humidité. Il est inutile de traiter, ce champignon est rarement dangereux pour le chêne. De plus, en grandissant, le chêne sera moins fragile et la présence d'oïdium deviendra exceptionnelle.

### 141 - Puis-je tailler un chêne pyramidal ?

Cet arbre produit une forme élancée très esthétique. Toute taille transformera cet aspect élancé et c'est regrettable. Lorsque l'on plante un chêne pyramidal, c'est justement pour sa forme. Le tailler est inutile.

### 142 - J'ai dans mon jardin un cytise qui fleurissait abondamment. Depuis peu, il semble dépérir et ne fleurit plus. Pourquoi ?

Le cytise ou *Laburnum* apprécie moyennement les rayons du soleil même s'il a besoin de beaucoup de lumière. Peut-être aviez-vous des arbres qui lui offraient l'ombrage nécessaire et qu'un abattage a mis votre petit arbre en situation dégagée.

### 143 - Les érables sont-ils des arbres qui poussent vite ?

Il existe plus de cent cinquante espèces d'érables. La majorité d'entre eux croît rapidement. L'érable à papier est magnifique avec son écorce orangée qui se détache en lambeaux. Mais attention, il ne pousse que de 2 cm par an.

### 144 - J'ai observé sur les feuilles d'érable des petites boules jaunes. Est-ce une maladie et est-ce grave ?

Les feuilles de l'érable sont piquées par des cynips, des petits insectes qui ressemblent à des guêpes. Les femelles pondent sur les feuilles et la plante réagit en produisant des galles, ces petites boules jaunes que vous avez observées. Les dégâts sont minimes et ne justifient pas de traitement.

### 145 - Mon érable pourpre est entièrement recouvert d'une pellicule grise. De quoi s'agit-il et comment traiter ?

La chaleur et l'humidité favorisent la propagation d'un champignon, le *botrytis*. Votre arbre en est visiblement atteint. Regardez attentivement si la souche n'est pas contaminée par des petits champignons. Si tel est le cas, il souffre aussi du pourridié des racines. Traitez avec un fongicide et renouvelez le traitement dès le printemps suivant. Si l'écorce de votre érable se détache, il est trop tard et votre arbre est condamné.

### 146 - Mes érables japonais sont splendides. Faudra-t-il rajouter du terreau cet automne ?

Ces érables aux feuillages magnifiques à l'automne se plaisent dans la terre de bruyère. Il est inutile et même déconseillé de mettre du terreau.

**147 - Peut-on planter un eucalyptus dans une région où l'hiver est parfois rude ?**

Les eucalyptus s'adaptent aux conditions atmosphériques et certaines variétés supportent le gel. L'*Eucalyptus gunnii* ne craint pas le froid et résiste aux basses températures jusqu'à – 20 °C.

**148 - J'ai découvert pour la première fois le Fau de Verzy. Comment expliquer ses branches torsadées ?**

Le Fau de Verzy est aussi appelé « hêtre tortillard » pour son tronc et ses branches qui poussent dans toutes les directions. La croissance d'un arbre est influencée par le phototropisme (le végétal est attiré par la lumière), le géotropisme (la plante subit les effets de l'attraction terrestre et l'apesanteur), l'hydrotropisme (les racines en particulier sont attirées par l'eau) et l'haptotropisme (la tige croît par contact, comme les plantes grimpantes qui s'enroulent). Aucun de ces termes n'explique le mystère du Fau de Verzy. Il fut même avancé que cet arbre avait subi les radiations d'une météorite pour présenter une telle apparence.

**149 - Le vieux frêne de mon jardin produit quantité de jeunes branches sur le tronc. Est-ce normal ?**

La multitude de jeunes pousses sur le tronc indique un problème de santé généralement consécutif à un élagage sévère. C'est un signe avant-coureur d'une descente de cime.

L'arbre n'a plus la force de porter la sève à l'extrémité des branches. Il est possible de les couper pour des raisons esthétiques mais la santé de l'arbre ne s'en trouvera pas améliorée. Il n'y a rien à faire.

**150 - Le tronc de mon hêtre pourpre est recouvert de moisissure et l'écorce tombe. Est-ce grave ?**

Votre hêtre présente les symptômes du *botrytis*. Cette pourriture grise est favorisée par un excès d'humidité. Ce champignon a infesté l'ensemble de la plante. À ce stade de contamination, il n'existe pas de traitement efficace. Vous devez abattre l'arbre et le brûler pour éviter qu'il ne contamine les autres végétaux.

**151 - Mon vieux hêtre a de gros champignons sur le tronc. Faut-il les supprimer ?**

Les polypores que vous apercevez résultent de la fructification d'un réseau de mycélium qui a envahi le bois. Cet envahissement atteste d'un début de dégradation du bois de l'arbre. La suppression des champignons n'est d'aucune utilité. L'arbre est condamné à moyen terme et devra être abattu si sa présence est dangereuse.

**152 - J'ai remarqué sur les feuilles de mon hêtre des petites boules jaunes et rouges. Quel est le problème et comment traiter ?**

Un insecte a pondu des œufs qui ont donné naissance à des larves. Les larves piquent les feuilles pour se nourrir. En réaction, la feuille produit des galles, ces petites boules que vous observez. Et à l'intérieur de ces galles, nos larves, qui resteront ainsi jusqu'à la chute des feuilles. Il est inutile de traiter car l'arbre ne souffre pas de cette présence. Pour réduire la prolifération, nettoyez le pied de l'arbre en hiver pour évacuer les galles tombées au sol.

**153 - J'ai remarqué dans un parc un arbre qui ressemble au robinier mais qui produit sur le tronc d'imposantes épines. De quel arbre s'agit-il ?**

L'arbre observé est un gleditsia, un arbre de la même famille que le robinier (Légumineuses). Il produit sur le tronc et les tiges des épines redoutables qui peuvent se révéler dangereuses. Il existe une variété, *inermis*, sans épines, tout aussi esthétique et qui offre l'avantage de ne pas être dangereuse.

**154 - Comment distinguer un houx mâle d'un houx femelle ?**

Les houx sont des arbres dioïques et seules les femelles fructifient. Cette distinction est très visible dès l'automne lorsque les baies apparaissent mais devient complexe et réservée aux professionnels le reste de l'année.

**155 - Comment faire pour éviter que mes oiseaux ne mangent les baies de mes houx ?**

Il n'y a pas de miracle et seule la pose d'un filet vous permettra d'avoir des baies de houx pour les fêtes de Noël.

**156 - Est-il possible de tailler un houx ?**

Le houx accepte les tailles même sévères à condition qu'elles soient régulières. La croissance du houx est lente et rabattre un houx âgé le rendra disgracieux pendant de longues années.

**157 - Quelle est la meilleure période pour transplanter un magnolia ?**

Les racines du magnolia sont fragiles. Une transplantation implique une coupe des racines. Cette coupe risque de favoriser la pénétration de bactéries et de champignons. Le magnolia reprend une activité au printemps. C'est la meilleure période pour le planter ou le transplanter car cette époque est celle où les racines cicatrisent le mieux.

**158 - Le magnolia doit-il être taillé ?**

Les magnolias ne se taillent pas. Seules les branches gênantes ou disgracieuses peuvent être supprimées.

**159 - En automne, j'observe dans mon magnolia de curieuses fleurs**

**qui ressemblent à des fruits déformés. De quoi s'agit-il ?**

Le magnolia produit des fleurs au printemps. Si les températures sont clémentes, votre arbre fructifie. Ce que vous décrivez sont des fruits qui renferment les graines. Prenez le temps de les cueillir et de les observer. Elles sont très décoratives.

**160 - Quelle est la méthode la plus simple pour reproduire un magnolia ?**

Le marcottage consiste à entourer d'un pochon de terre une section de branche sur une vingtaine de centimètres. Pratiquez une incision dans l'écorce. Cette incision favorisera l'apparition de racines. Lorsque les racines sont développées, coupez de part et d'autre et plantez. Un nouveau magnolia est né.

Mais le magnolia se reproduit aussi par semis en février-mars sous abri et en avril en pleine terre. Il se greffe au printemps et en été et se bouture en juin.

**161 - J'habite dans le Nord de la France. Est-il possible de planter un magnolia malgré le froid hivernal ?**

Le magnolia supporte les basses températures mais n'apprécie guère les vents froids. Il devra être planté dans une cour ou près d'un mur ou dans un jardin déjà fortement arboré.

**162 - Les feuilles de mes marronniers se couvrent de taches brunes. Il semble que des petites chenilles mangent la sève. Y a-t-il un moyen d'empêcher cela ?**

Vos marronniers abritent des mineuses, des petits papillons apparus en France vers l'année 2000. Les mineuses pondent leurs œufs dans les feuilles. Les larves creusent des galeries et sont la cause des symptômes que vous décrivez. La première mesure à prendre est de ramasser les feuilles à l'automne et de les brûler. Les traitements sont actuellement inefficaces.

Les attaques sont favorisées par la sécheresse et lorsque l'infestation est importante, le marronnier peut mourir.

**163 - J'ai dans mon jardin un marronnier qui possède une circonférence de 4 m. Peut-il dater de Louis XV ?**

Il est difficile de dater un arbre sans l'avoir vu. La croissance d'un arbre est favorisée par son exposition au soleil, la structure et l'humidité du sol et les conditions de plantation. Au vu de ces éléments et par comparaison avec des marronniers de même dimension, votre arbre est peut-être âgé de cent cinquante ans.

**164 - J'aime beaucoup les marronniers mais j'hésite à en planter à cause des marrons.**

N'hésitez plus et plantez l'*Aesculus baumani*, un cultivar qui fleurit magnifiquement et qui ne produit que rarement des fruits. Il existe aussi le

‘ Briotii ’ à la belle floraison rouge ou encore l’*Aesculus glabra* à fleurs jaunes. Ces deux dernières variétés produisent des marrons mais en quantité raisonnable.

**165 - Chaque année en été, les feuilles de mon marronnier se couvrent de taches rougeâtres. Les feuilles jaunissent puis tombent. Que faire ?**

Votre marronnier est atteint d’une maladie fréquente, le black-rot ou maladie des taches rouges. Cette maladie est un champignon qui se développe surtout sur les marronniers qui sont taillés. Pour limiter sa propagation, cessez toute coupe les années suivantes. Les traitements existent mais ils sont difficiles à appliquer et les résultats laissent souvent à désirer.

**166 - J’ai peur pour mon mimosa car il a gelé. Peut-il encore être sauvé ?**

Si votre mimosa a souffert du froid et que l’ensemble de sa ramure est marron, il n’y a pas de doute, il a gelé. Il vous suffit de rabattre le branchage au niveau de la souche. Il repartira avec vigueur.

**167 - Faut-il tailler son mimosa pour améliorer sa floraison ?**

Le mimosa apprécie peu les tailles. Contentez-vous de cueillir chaque année les fleurs. Cette taille suffira à maintenir son développement.

**168 - Mon mimosa produit quantité de rejets. Faut-il les laisser ?**

Les rejets épuisent la plante et sont rarement florifères. Il est préférable de les couper.

**169 - Mon mûrier doit-il être taillé ?**

Il peut être taillé mais cela n’est en rien une obligation. La taille ne favorise nullement la fructification. Il ne sera élagué que si c’est nécessaire ou pour lui conserver une forme voulue.

**170 - Rien ne pousse sous mon noyer. Pourquoi ?**

Les feuilles du noyer produisent des substances nocives pour les autres plantes. Rien ou presque ne pousse sous cet arbre. Seule une jolie fleur semble s’en accommoder : la pervenche.

**171 - Je possède sur mon terrain quelques ormes et l’un d’eux a complètement séché en quelques jours. Que faire ?**

Les ormes sont victimes d’une terrible maladie, la graphiose. Ils sont devenus rares. Vos ormes semblaient en être préservés mais l’un d’eux vient d’être victime de ce champignon. Coupez l’arbre mort et brûlez le bois sans attendre. Ne taillez surtout pas les autres ormes.

**172 - L’orme de Sibérie est-il sensible à la graphiose ?**

On a longtemps pensé que l’orme de Sibérie ne contractait pas la graphiose. Le contraire a malheureusement été constaté. Le *Zelkova crenata*, de son vrai nom, résiste plus longtemps à cette maladie mais il peut en être atteint lorsque les conditions sont réunies.

**173 - J'observe à l'automne un arbre aux teintes extraordinaires. Son feuillage est d'un rouge flamboyant. Quel est cet arbre ?**

Il peut s'agir du Copalme d'Amérique qui prend à l'automne de superbes teintes jaunes puis rouges ou encore du *Parrotia persica*. Dès l'automne, ses feuilles deviennent rouge vif. C'est l'arbre le plus coloré en cette saison.

**174 - Mon paulownia est mort. Puis-je en replanter un au même endroit ?**

Sans problème. Mais en laissant la souche en terre, il y a de fortes chances que celle-ci produise un rejet qui deviendra à son tour un arbre, et ce dans un délai très court.

**175 - Comment distingue-t-on le paulownia du catalpa ?**

Le paulownia fleurit mauve au printemps et le catalpa produit de longues gousses semblables à de longs haricots. Mais il existe une méthode mnémotechnique simple. Dans catalpa, il y a trois « A », et dans paulownia il n'y en a que deux. Les feuilles du catalpa sont réunies trois par trois et celles du paulownia deux par deux.

**176 - J'ai laissé grandir mes peupliers d'Italie et ils sont devenus trop hauts. Puis-je les couper de moitié ?**

Les peupliers tolèrent les tailles même sévères. En les coupant de moitié, ils reproduiront rapidement un feuillage et les arbres retrouveront vite leur silhouette. Mais cette coupe n'est pas sans conséquence et si elle devient répétitive, vous écourterez sensiblement l'espérance de vie de vos arbres.

**177 - Les feuilles de mes peupliers sont tachées de jaune. Faut-il traiter ?**

Vos arbres sont contaminés par la rouille du peuplier. Ce champignon décolore le feuillage mais est souvent sans gravité pour le peuplier. Pour limiter la propagation de la rouille, veillez à ne pas arroser le feuillage par temps chaud (attention aux arrosages intégrés) et évacuez les feuilles mortes à l'automne. Ne les versez pas sur le tas de compost.

**178 - Faut-il tailler les platanes ?**

Le platane tolère les tailles mais cela ne signifie pas qu'il les apprécie. On ne le taille que si cette coupe est justifiée. Cet arbre est majestueux lorsqu'il déploie ses branches en toute liberté.

**179 - Les feuilles de mes platanes sèchent en partie et elles tombent abondamment. De quoi s'agit-il et que faire ?**

Vos platanes sont victimes de l'antrachnose, un champignon favorisé par la chaleur et l'humidité. En règle générale, les arbres surmontent l'épreuve sauf si les attaques printanières se renouvellent tous les ans. Il existe des traitements mais l'application sur des arbres adultes n'est pas simple pour des particuliers. Cette maladie devenant fréquente au sud de la Loire, il est déconseillé de planter des platanes dans les régions atteintes par le champignon. Évacuez les feuilles tombées et coupez les arrosages intégrés si vous en possédez à proximité.

**180 - Les feuilles de mon saule ont changé d'aspect en quelques jours. Les nervures sont devenues jaunes et l'ensemble du feuillage est contaminé. De quelle maladie s'agit-il ?**

Votre saule n'est pas malade. Il a été touché par un désherbant chimique mal utilisé. Pour éviter que l'arbre ne succombe, arrosez-le copieusement et taillez les branches d'un tiers. Avec un peu de chance, il reprendra un aspect normal dans les semaines qui suivent.

**181 - Je souhaite tailler un saule. Cet arbre accepte-t-il les coupes ?**

De quel saule parlez-vous ? Il en existe une grande diversité. En règle générale, les saules tolèrent les tailles. Les saules pleureurs n'échappent pas à cette règle mais une coupe abusive peut leur être fatale.

**182 - J'aime les travaux de vannerie. Quel saule faut-il planter et au bout de combien d'années me sera-t-il possible d'exploiter ses rameaux ?**

Le saule utilisé pour la vannerie est le *Salix viminalis*, le saule des vanniers. Également appelé « osier », il se prête à la taille et peut fournir de longs rameaux souples après quatre ou cinq années de plantation. Attention à ne pas le surexploiter les premières années.

**183 - Les feuilles de mon saule pleureur sont couvertes de taches noires. L'arbre semble en souffrir.**

Votre saule est atteint d'antrachnose, un champignon qui fait de gros dégâts sur les platanes du Sud de la France. Dans un premier temps, évacuez toutes les feuilles tombées à terre. Dès le printemps suivant et avant l'apparition des feuilles, traitez avec de la bouillie bordelaise. Si l'arbre est toujours contaminé, il faudra envisager son abattage pour éviter qu'il ne contamine les autres arbres plantés à proximité.

**184 - Les branches de mon saule tortueux sont noires à leur extrémité, elles semblent mortes.**

Le *Salix tortuosa* est un petit saule aux branches et aux feuilles vrillées. Le noircissement des branches est classique et sans gravité si ce phénomène est réduit. À ne pas confondre avec les taches noires sur le feuillage dues à un redoutable champignon, l'antrachnose.

**185 - Le sorbier des oiseleurs demande-t-il beaucoup de soins ?**

Le sorbier est appelé ainsi pour ses baies qui font le bonheur des oiseaux. C'est un arbre très facile à cultiver. Il apprécie le soleil et les situations ombrées, les terres argileuses et riches, les terres fraîches, même s'il supporte les longues périodes de sécheresse. Il atteint 5 m de hauteur à l'âge adulte. Il tolère les tailles régulières et constitue d'agréables alignements. Il convient parfaitement aux jardins de modestes dimensions.

**186 - Les fruits du sorbier des oiseleurs sont-ils comestibles ?**

Le sorbier des oiseleurs produit quantité de baies qui sont comestibles en confiture. Il est nécessaire d'attendre les gelées d'automne avant de les cueillir mais il y a fort à parier que les oiseaux ne vous en laisseront pas le loisir. Tout comme le coing, ce fruit n'est consommable qu'après cuisson.

**187 - Mes tilleuls produisent des rejets à la base du tronc. Existe-t-il des produits pour les éliminer ?**

Non supprimés, ces rejets vont croître et défigurer votre arbre. Vous devez les couper avec un sécateur le plus court possible. Il n'existe pas de produit pour s'en défaire autrement.

**188 - J'ai planté il y a vingt ans des tilleuls près de ma maison. Je crains que les racines ne la soulèvent.**

Non, les racines ne soulèveront pas la maison mais il y a des risques de fissures provoquées par la croissance des racines. Inutile d'abattre l'arbre mais surveillez sa croissance.

**189 - Mes tilleuls produisent une substance noirâtre et collante. Il est impossible de garer la voiture sans la retrouver recouverte de cette salissure.**

Des insectes piquent les feuilles de vos tilleuls pour consommer la sève. Ces insectes produisent ensuite un miellat qui est le produit que vous décrivez. La plante souffre peu de cette invasion et traiter n'est pas sans conséquence sur l'environnement et les oiseaux en particulier. On évite simplement de se garer sous un tilleul en été.

**190 - Le tilleul argenté supporte-t-il les tailles ?**

Le tilleul argenté, comme tous les autres tilleuls, supporte les tailles régulières. Attention à ne pas couper des branches de grosses sections. Ces coupes excessives favorisent la pénétration dans le bois des champignons, virus et larves xylophages.

**191 - Est-il possible de greffer un tilleul henryana sur un tilleul argenté ?**

Sans aucun problème mais où est l'intérêt ? Greffer des arbres de petites dimensions peut se comprendre mais autant planter directement un henryana. Sur des arbres âgés, le tilleul greffé ne se transformera pas et produira, dans le meilleur des cas et pour quelque temps seulement, une branche différente du pied-mère.

### 192 - Doit-on élaguer son tulipier ?

Le tulipier est un arbre magnifique. Il ne réclame ni taille ni élagage. Les branches ne sont coupées que si elles représentent une gêne réelle.

## Les conifères

### 193 - Qu'appelle-t-on la taille en nuage ?

La taille en nuage s'exécute sur les conifères. Elle consiste à « japoniser » une plante et à ne conserver que quelques toupets à l'extrémité des tiges. Cette coupe est complexe à réaliser et demande beaucoup d'observation et de compétence. À n'exécuter que par des jardiniers formés à cet art.

### 194 - Quels conifères peut-on planter dans des terres humides ?

Quelques conifères apprécient les terres très humides : le cyprès chauve, le mélèze, le taxodium ou encore le metasequoia. D'autres tolèrent les terres fraîches et humides plusieurs mois par an : le *Picea abies*, le *Pinus armandii*, le séquoia géant ou encore le *Sequoia sempervirens*.

### 195 - Je souhaite réaliser une rocaille. Quels sont les conifères les mieux adaptés ?

Les conifères pour rocailles doivent garder de modestes dimensions toute leur vie et être de croissance lente. Le *Chamaecyparis obtusa nana*, le *Juniperus hibernica compressa*, le *Pinus sylvestris nana* ou encore le *Juniperus pfitzeriana aurea* sont parfaitement indiqués.

### 196 - Existe-t-il des conifères à écorce décorative ?

Toutes les écorces sont belles. Il faut prendre le temps de les observer en détail. Parmi les plus belles écorces décoratives, il est possible de citer celles des cèdres, du pin maritime, du pin laricio et bien sûr celle du *Pinus bungeana*. Ce pin, plus connu sous le nom « pin Napoléon », produit avec les années une écorce qui se détache et laisse apparaître un bois aux multiples couleurs.

### 197 - Quelles sont les essences qui résistent le mieux aux insectes xylophages ou qui les repoussent ?

Les arbres âgés et malades sont les premières victimes des insectes et larves xylophages. Mais il arrive que les arbres se défendent. Certains conifères envahissent de résine les galeries creusées. L'intrus est pris au piège et meurt d'asphyxie.

### 198 - J'ai dans un pin une boule composée d'aiguilles déformées. Quelle est cette maladie ?

Cette curieuse excroissance est appelée « balai de sorcière ». Aucune explication rationnelle n'explique cette anomalie. On peut légitimement penser qu'il s'agit des conséquences d'un choc ou de piqûres d'insectes. Certains avancent l'hypothèse de la foudre. On appelle ainsi cette curiosité car les anciens pensaient qu'une sorcière s'était posée dans l'arbre puis était repartie en oubliant son balai. Il n'y a aucune raison de traiter car l'arbre ne souffre nullement de cet amas d'aiguilles.

**199 - J'aimerais planter un araucaria. Quelle hauteur atteindra-t-il à l'âge adulte ?**

L'*Araucaria araucana* est un conifère qui dépasse les 30 m dans son pays d'origine. Sous nos latitudes, il est rare d'en observer d'une taille supérieure à 10-15 m. Il ne doit pas être confondu avec un autre araucaria, l'*Araucaria excelsa*, un bel arbre au feuillage léger et souple et qui atteint lui aussi avec difficulté 10-15 m dans nos régions.

**200 - Une tempête a cassé la tête de mon cèdre. Que puis-je faire ?**

Il n'y a rien à faire sinon attendre. La tige centrale chez les conifères est appelée flèche. Lorsqu'elle est cassée, l'arbre ne croît plus en hauteur et développe ses ramures horizontales. Ce n'est pas toujours esthétique. Avec le temps, l'arbre reconstruit une flèche mais cela peut prendre de nombreuses années. Il est possible d'aider certains conifères en installant dans l'arbre un tuteur et d'y fixer une jeune pousse. Bien guidée, celle-ci remplacera la flèche en quelques années.

**201 - J'aimerais planter un cèdre dans un petit jardin en ville. Est-ce possible ?**

C'est une erreur. Le cèdre est un conifère qui devient majestueux avec les années. Il a besoin de beaucoup de place pour étaler ses magnifiques branches. Et tailler un cèdre est une hérésie.

**202 - Les aiguilles de mon cèdre sont jaunes et tombent. Que faire ?**

La chute des aiguilles est normale. Un conifère reste vert toute l'année mais régénère régulièrement son feuillage. La situation est préoccupante si les aiguilles tombent en grosse quantité.

**203 - Le cèdre que j'ai planté l'an dernier a jauni brutalement et semble mort. Quelle peut être la cause de ce dépérissement brutal ?**

Plusieurs raisons peuvent justifier le dessèchement d'un jeune cèdre : le gel hivernal qui cause de grands dégâts lorsque l'arbre est jeune, des blessures importantes sur les racines (une tranchée par exemple), une attaque de champignons, mais cela reste rare, des traitements chimiques à proximité de votre jardin, un débroussaillant répandu trop près ou amené par le vent peut aussi être destructeur.

**204 - Ma haie de cyprès prend des teintes orangées. Est-ce grave ?**

Vos cyprès sont contaminés par un champignon, le *Phytophthora cinnamomi*. Les conifères vont dépérir et mourir. Il est urgent de les arracher et de les brûler pour éviter que le champignon n'attaque d'autres plantes. Il n'existe aucun traitement curatif contre le « dépérissement des conifères », autre nom du champignon. Évitez de planter d'autres cyprès au même endroit et réduisez les arrosages dans votre jardin.

**205 - J'ai un cyprès de l'Arizona dont les feuilles se dessèchent de l'intérieur vers l'extérieur. À quoi cela est-il dû et que faire ?**

Il est tout à fait normal que l'absence de lumière au centre de la plante oblige l'arbre à se défaire de ses feuilles non éclairées par le soleil. Il peut aussi s'agir d'un manque d'eau. Votre cyprès peut être victime des araignées rouges. Observez attentivement le revers du feuillage. Si vous constatez leur présence, aspergez à grande eau, cela suffira à vous en débarrasser. Plus préoccupant, si les feuilles roussissent en abondance, votre cyprès est contaminé par un champignon, le *Phytophtora cinnamomi*. (Voir question 204.)

**206 - J'ai une haie plantée de cyprès de Lawson. Quelques-uns ont le feuillage qui devient marron. Pourquoi ?**

Beaucoup de raisons peuvent expliquer le brunissement du feuillage des cyprès. Mais l'explication la plus plausible est une attaque de phytophtora. Ce champignon est favorisé par l'excès d'eau dans le sol et les blessures sur les racines. Arrachez les conifères atteints et cessez les arrosages. Ne retournez pas la terre en hiver pour ne pas endommager les racines. Employez à titre préventif un fongicide pour épargner les autres arbres.

**207 - Faut-il couper les branches mortes de mon épicéa ?**

Ce n'est pas une obligation et l'arbre ne se portera pas mieux si vous le faites. Mais si vous estimez que votre conifère est plus beau débarrassé de ses bois secs, faites-le quand vous le souhaitez.

**208 - J'ai l'impression qu'une bête mange les aiguilles de mon épicéa. L'attaque semble avoir lieu la nuit.**

Il n'est pas impossible que des chenilles de bombyx moine se délectent des aiguilles de votre épicéa. En regardant attentivement votre arbre et s'il est de modeste dimension, vous observerez les chenilles qui vivent en groupe. En présence d'une colonie, il vous est possible de les supprimer à la main. Évitez les produits et souvenez-vous qu'une chenille se transforme toujours en papillon.

**209 - Mon pin est dégarni de la base. Une taille de son branchage**

**lui rendra-t-elle un aspect compact ?**

Les conifères ne se comportent pas comme les arbres feuillus. Ils ne reproduisent jamais de branches en dessous de la dernière existante. Couper les branches basses ne servira à rien.

**210 - Quelle différence existe-t-il entre un genévrier et un junipérus ?**

Il n'en existe pas. Le junipérus est l'appellation botanique du genévrier.

**211 - Le ginkgo biloba peut-il être planté en racines nues ?**

Tous les conifères sans exception, quelques feuillus comme le bouleau et le ginkgo, doivent impérativement être plantés avec une motte de terre. Le ginkgo est un arbre complexe qui produit des feuilles caduques. Les spécialistes sont toujours partagés : arbre feuillu pour les uns, conifère pour les autres.

**212 - On m'a déconseillé de planter un ginkgo femelle. Pourquoi ?**

Le ginkgo femelle produit des fruits qui dégagent une odeur pestilentielle. Ses fruits tombent sur le sol et s'écrasent et l'atmosphère devient réellement désagréable. C'est la raison pour laquelle très peu d'arbres femelles sont plantés dans les jardins publics.

**213 - Je souhaiterais déplacer un vieil if. À quelle saison puis-je le faire ?**

Les arbres se transplantent dès la fin de l'automne et pendant tout l'hiver. Si votre if est âgé, il est indispensable de respecter deux étapes. Effectuez un cernage, c'est-à-dire sectionnez les racines autour de la plante sans la déterrer. L'importance du cernage sera fonction de la dimension du végétal. L'année suivante, transplantez votre if avec une motte de terre, la motte étant créée au niveau du cernage. Arrosez ensuite très copieusement.

**214 - J'ai constaté que mes ifs étaient infestés d'araignées rouges. Faut-il les traiter ?**

Il est bon d'éliminer ces petites araignées car elles finissent par affaiblir la plante dont elles consomment la sève. Inutile d'employer un insecticide ou un acaricide, un jet d'eau sous le revers du feuillage suffit à les déloger, ces petites bêtes détestent l'humidité.

**215 - Mes pins sont envahis de chenilles processionnaires. Je ne sais pas comment les éliminer.**

Les chenilles processionnaires s'installent dans des nids très visibles. Il est difficile de les supprimer car ils sont souvent en hauteur. Éliminez à la main les nids accessibles en prenant soin de porter des gants et des lunettes car les chenilles processionnaires sont très urticantes. Pour les nids situés à l'extrémité des branches, contactez un paysagiste ou un élagueur.

**216 - Je possède dans le Sud-Ouest un jardin planté de pins. Que puis-je installer en dessous ?**

Il vous faut choisir les plantes de terre de bruyère et la bruyère en premier lieu. Il vous est aussi possible d'y planter des aucubas, genêts, arbousiers, mahonias.

**217 - Mes pins de 15 m de haut se couvrent d'une mousse blanche tous les étés. Que faut-il faire ?**

Vos pins logent certainement des chermès, des petits insectes qui piquent les écorces et le feuillage. Ils sécrètent une sorte de mousse blanche, celle que vous décrivez. Cette situation n'est pas très dangereuse pour les arbres en bonne santé, ils surmontent sans dommages l'épreuve. Si l'infestation est répétitive et d'importance, il faudra envisager un traitement à base de palathion et d'huile.

**218 - Les aiguilles de mes pins sont comme décolorées. De plus, elles sont en partie marron. Est-ce une maladie ?**

La situation est préoccupante. Vos pins semblent souffrir de la pollution. Il n'y a rien à faire et changer d'essences n'améliorera nullement votre cadre de vie. Contactez les services techniques de votre mairie pour en savoir davantage sur les causes de cette dégradation de l'environnement.

**219 - Je souhaite planter dans mon jardin le sapin de Noël acheté en pot. Résistera-t-il à un séjour prolongé dans l'appartement ?**

Si vous souhaitez replanter votre sapin de Noël, il est indispensable de pulvériser son feuillage tous les jours. Attention aux guirlandes électriques. Dès que possible, plantez-le dans votre jardin et arrosez-le copieusement. Veillez à ce qu'il ne manque pas d'eau au printemps. Ne le taillez pas.

**220 - J'ai planté le printemps dernier un grand sapin qui a été magnifique tout l'été. À l'automne, ses feuilles ont roussi, et depuis il semble mort. Pourquoi ?**

Et si votre arbre n'était pas un sapin mais tout simplement un mélèze ou un cyprès chauve, deux conifères qui perdent leurs feuilles en hiver ? Attendez le printemps et vous serez heureuse de ne pas l'avoir fait abattre.

**221 - On observe souvent en se promenant de vieux séquoias à la tête cassée. Pourquoi ?**

Le séquoia est un conifère qui se développe rapidement et qui atteint vite une grande hauteur. Il est sujet à la foudre et tous ces séquoias étêtés en ont été victimes. Il doit être planté à distance respectable des habitations.

**222 - Jusqu'à quelle hauteur puis-je voir pousser mon séquoia ?**

Le séquoia est un arbre qui pousse vite mais qui restera de dimensions modestes de votre vivant. Après une quarantaine d'années de plantation, il atteindra environ 15 m. En Californie, les séquoias millénaires atteignent 150 m et les séquoias les plus hauts mesurés en Europe culminent à 55 m.

### 223 - Les aiguilles de mon séquoia jaunissent. Que faire ?

Le séquoia est un conifère qui, comme tous les arbres, régénère son feuillage. Le jaunissement n'est préoccupant que s'il est important. Si l'arbre est jeune, arrosez-le copieusement, il manque peut-être d'eau, et si votre séquoia est de grande dimension, il n'y a rien à faire, aucun traitement ne rétablit un conifère sur le déclin.

### 224 - J'aimerais planter des fleurs au pied de ma haie de thuyas. Lesquelles ?

Le thuya occupe le terrain. Ses racines consomment l'eau du sol, son feuillage offre une ombre importante et la terre, n'étant pas travaillée, devient compacte. Il n'est pas possible de cultiver de jolies fleurs à proximité immédiate d'une haie de thuyas.

### 225 - Mes thuyas sont envahis d'araignées rouges. Quel est le produit le plus efficace ?

Les araignées rouges détestent l'humidité. Il suffit d'arroser à grande eau sous les feuilles pour s'en débarrasser durablement.

### 226 - J'ai envie de remplacer ma haie de thuyas et de planter à la place des arbustes à feuilles persistantes. Est-ce possible ?

C'est possible mais vous devez extraire en totalité les racines des thuyas et veiller à remplacer la terre devenue pauvre et impropre à la plantation de nouveaux végétaux.

### 227 - Ma haie de thuyas dépérit. Les aiguilles sont devenues brunes et les arbres perdent leur écorce. Comment traiter ?

Il est trop tard et les arbres atteints vont mourir. Ils sont victimes d'un bupestre, un magnifique coléoptère d'un vert splendide qui pond sous l'écorce. Les larves creusent ensuite des galeries dans le bois. Coupez et brûlez les arbres atteints et traitez avec un insecticide adapté à ce problème en juin-juillet pour sauver les conifères survivants.

### 228 - En très peu de temps, quelques thuyas de la haie ont séché. L'ensemble du feuillage est devenu marron. Que faire ?

Vos thuyas sont atteints du pourridié-agaric. Pour limiter les dégâts, arrachez les arbustes contaminés et coupez les parties atteintes sur les plantes peu touchées. Évitez de planter les conifères trop près les uns des autres et réduisez les arrosages. Les fongicides existent mais il est souvent trop tard pour traiter lorsque apparaissent les symptômes.

**229 - Mes thuyas sont âgés et atteignent plus de 5 m. Puis-je les rabattre ?**

Le thuya est un arbre magnifique lorsqu'il n'est pas taillé. Il constitue néanmoins de belles haies et tolère les tailles même sévères. Mais rabattre un thuya âgé n'est pas sans risque et il pourrait ne pas résister à ce traitement. Limitez votre coupe à un cinquième de sa hauteur et renouvelez cette opération tous les trois ans.

**230 - Quelle hauteur atteindraient mes thuyas si je ne les taillais pas ?**

Les thuyas sont de majestueux conifères lorsqu'ils ne sont pas taillés. En Europe, les thuyas du Canada atteignent environ 20 m et le *Thuja plicata* ou thuya géant, 30 m. À noter qu'il atteint parfois les 60 m en Amérique du Nord, son aire d'origine.

**231 - Tous les conifères de ma propriété semblent avoir souffert du froid. C'est étrange car certains poussent à l'état naturel dans des régions aux hivers rudes. Que se passe-t-il ?**

Il n'est pas impossible que les services de voirie ou vous-même ayez utilisé du sel pour rendre praticable la chaussée après une chute de neige. L'épandage de sel nuit gravement aux conifères et l'utilisation répétée de ce produit peut devenir mortelle pour les arbres. On n'emploie pas de sel sur les chaussées bordées de conifères. On privilégie le sable.

# Les arbres fruitiers 9

**1 - J'ai planté en 1998 des arbres fruitiers et j'ai oublié de supprimer le tuteurage. Les écorces sont endommagées par les colliers. Faut-il mettre un mastic cicatrisant ?**

Malheureusement, vos arbres seront marqués à vie et le badigeonnage d'un mastic ou d'un baume cicatrisant ne changera rien. Il est indispensable de vérifier deux fois l'an les colliers pour éviter que ces derniers n'endommagent le tronc des arbres.

**2 - Qu'appelle-t-on haute-tige, basse-tige et plein vent ?**

Un arbre haute-tige est une essence fruitière d'une hauteur d'environ 2 m.

Un arbre basse-tige est greffé sur un sujet d'une hauteur inférieure à 1 m et un arbre de plein vent pousse libre et sans taille.

**3 - Mes pommiers sont envahis par du gui. Que puis-je faire ?**

Le gui est une plante parasite qui épuise l'arbre colonisé. Il est indispensable de le supprimer en sectionnant la branche sur laquelle il est fixé. Lorsque sa présence est récente, une entaille suffit à extraire la totalité de ses racines.

**4 - Faut-il supprimer le lichen qui pousse sur mes arbres fruitiers ?**

Il vous est possible de supprimer le lichen avec une brosse. Mais celui-ci n'est en rien nuisible à la santé de l'arbre et il peut rester sans conséquence.

**5 - Le feuillage de mes abricotiers est couvert de taches jaunes. Existe-t-il un traitement ?**

Votre abricotier est atteint de la rouille. Les taches jaunes deviennent sombres et investiront l'ensemble de l'arbre si rien n'est fait. La toute première chose à faire est de ramasser et de brûler les feuilles tombées au sol. Les traitements préventifs sont efficaces mais nocifs.

**6 - Sans raison apparente, mon abricotier a une branche qui est morte. Pourquoi ?**

Les spécialistes parlent d'apoplexie. Il n'y a rien à faire. Ce comportement encore non élucidé est parfois favorisé par les engrais potassiques. Je vous suggère d'arrêter sans attendre tout apport d'engrais et de couper la branche.

**7 - L'abricotier supporte-t-il le froid ?**

L'abricotier supporte les basses températures. Mais sa floraison est hâtive au printemps et les fleurs ne résistent pas au gel. Au nord de la Loire, plantez votre abricotier le long d'un mur et protégé des vents froids. Quelques variétés sont rustiques et tolèrent le froid quelque temps. La variété la mieux adaptée au nord de la région parisienne est l'abricotier « Pêche de Nancy ». Avec un peu de chance, il vous sera même possible de récolter des fruits.

**8 - Quand doit-on planter les abricotiers ?**

L'abricotier redoute l'excès d'eau dans le sol. En automne, les terres sont souvent humides et le restent jusqu'à la fin de l'hiver. Il est donc conseillé d'attendre le printemps pour le planter dans une terre légère et qui ne retient pas l'eau.

**9 - Doit-on arroser les abricotiers ?**

Les jeunes arbres seront arrosés après la plantation et tout l'été si la saison est chaude. Une fois adulte, il sera envisagé un mouillage du sol seulement en cas de sécheresse prolongée.

**10 - Quel sol convient le mieux à la culture des airelles ?**

Les airelles sont produites par des petits arbustes qui atteignent difficilement les 30-40 cm de haut. Ils aiment les sols acides et ont besoin d'une terre humide tard à la fin de l'automne.

**11 - Faut-il tailler les amandiers ?**

Dans les régions ensoleillées du Sud de la France, on taille l'amandier en gobelet, c'est-à-dire en dégageant le centre et en lui donnant un port évasé. On ne conserve que quatre ou cinq branches principales et on sectionne celles qui ont porté des fruits. Partout ailleurs, si l'on veut récolter des amandes, on palisse l'arbre le long d'un mur exposé au soleil et l'on se contente de tailler les branches qui ont fructifié.

**12 - J'ai hérité d'un jardin où sont plantés de magnifiques amandiers. L'été est sec et je me demande à quelle fréquence il est bon de les arroser ?**

L'amandier est un arbre fruitier qui aime les terres sèches. Excepté les jeunes arbres récemment plantés, il n'est pas utile d'arroser des amandiers installés depuis de longues années. Ils supportent les sécheresses, même de longue durée.

**13 - J'ai planté des pieds d'aronies et ils produisent quantité de rejets. Puis-je les replanter ?**

L'aronie noire est un arbuste fruitier qui peut atteindre 1,50 m. Il fructifie en août. Les baies sont noires et délicieuses en gelée, compote ou confiture. Les rejets peuvent être replantés et ils donneront rapidement de nouveaux arbustes très productifs.

**14 - Comment doit-on tailler les cassissiers ?**

Les cassissiers se taillent à la fin du printemps. Supprimez les branches les plus âgées et réduisez celles qui ont fructifié. Conservez une dizaine de jeunes branches. Cette taille ne sera réalisée que sur les pieds âgés de quelques années.

**15 - Toutes mes cerises sont habitées par des petits vers. Ces vers sont-ils toxiques s'ils sont mangés et que faire pour s'en débarrasser ?**

Des générations d'hommes et de femmes ont mangé des fruits véreux et sont restés en bonne santé. La présence d'un ver n'en reste pas moins désagréable. Les petits vers dans les cerises sont pondus par la mouche de la cerise. La ponte a lieu au moment même où les fruits se colorent. Les traitements préventifs sont de fait peu efficaces. La méthode la plus « écolo » pour réduire les attaques est d'installer des panneaux jaunes couverts de glu. La mouche est attirée par cette couleur et se colle. Il existe aussi des pièges prêts à l'emploi dans toutes les bonnes jardineries.

**16 - Mon cerisier perd son écorce. Est-ce normal ?**

L'écorce du cerisier s'exfolie parfois en lambeaux. Si l'écorce se détache entièrement, elle ne protège plus les tissus du bois de l'eau, du soleil ou du gel. Cela atteste d'un grave problème qui ne fera qu'empirer. L'arbre est condamné.

**17 - Quand doit-on tailler ses cerisiers ?**

Comme les noyers, le cerisier est un arbre fruitier qui ne réclame aucune taille pour fructifier. On se limite à supprimer les branches gênantes, blessées ou mortes.

**18 - Les oiseaux pillent mes cerisiers. Les épouvantails sont-ils efficaces ?**

Les oiseaux s'habituent vite aux épouvantails et autres dispositifs accrochés dans l'arbre. Même si le filet est toujours une corvée à installer et un exploit à retirer, c'est la seule méthode pour protéger la récolte. Un petit truc. Les oiseaux mangent les cerises pour se désaltérer. Une soucoupe pleine d'eau les détournera quelque temps de vos fruits.

**19 - Le tronc de mon cerisier laisse couler une résine colorée. De quoi s'agit-il et que dois-je faire ?**

La résine qui s'écoule de l'arbre est de la gomme et fait suite à un choc, une blessure ou la piqûre d'un insecte. Un écoulement abondant épuise le cerisier. Il n'existe pas de traitement et tenter d'éliminer la gomme n'est d'aucune utilité.

**20 - Je souhaite planter des cerisiers. Quelles sont les meilleures variétés ?**

Il existe une grande diversité de cerises. Pour ne pas se tromper, il est conseillé de planter les valeurs sûres qui ont déjà fait leurs preuves. Les cerises bigarreaux 'cœur-de-pigeon', 'Hâtif Burlat' ou encore les cerises dites « vraies », la 'Anglaise hâtive' ou la griotte 'Belle-de-Montmorency'.

**21 - Peut-on greffer les châtaigniers ?**

Les châtaigniers se greffent en fente en avril, en écusson en août et septembre.

**22 - J'achète sur le marché des marrons. Quelle est la différence avec les châtaignes ?**

« Botaniquement » parlant, le marron est le fruit du marronnier d'Inde. Il n'est pas comestible et ne doit pas être confondu avec le fruit appelé marron utilisé en cuisine, et qui est, en fait, une châtaigne.

Dans son ouvrage paru chez Plon, *Le Verger gourmand*, Jean-Pierre Coffe précise : « C'est avec les châtaignes qu'on élabore la confiture, la crème et la purée. Les marrons, eux, se préparent au naturel, sous vide ou en conserve, au sirop ou glacés. »

**23 - Je viens de planter des châtaigniers. Dans combien de temps puis-je espérer une cueillette ?**

Les châtaigniers sont longs à produire. Il vous faudra patienter une petite dizaine d'années avant de récolter les premières châtaignes.

**24 - Quand et comment faut-il tailler le cognassier ?**

Le cognassier n'a pas besoin d'être taillé pour fructifier. Contentez-vous de supprimer les branches mal implantées, malades et de couper le bois mort.

**25 - Puis-je mettre des sacs sur mes figuiers pour les protéger des oiseaux ?**

Pourquoi pas. Cet « ensachage » est employé pour les pommiers et les poiriers et il n'y a aucune raison pour qu'il ne soit pas efficace pour les figuiers.

**26 - J'ai repiqué il y a trois ans un figuier et il ne donne toujours pas de fruits. Est-ce normal ?**

L'arbre doit s'installer et produire des racines avant de fructifier. Trois ans est un délai très court et il vous faudra encore patienter trois ou quatre ans avant de savourer les premières figues.

**27 - L'écorce de mon figuier a été mangée par des chèvres. Que puis-je faire pour le soigner ?**

Rien, le mal est fait. Protégez sans attendre les autres végétaux par la mise en place de clôtures ou de pochons si vos plantations sont récentes.

**28 - Puis-je cultiver des figuiers au nord de la Loire ?**

Les figuiers aiment la chaleur et ne sont vraiment productifs que dans les régions aux hivers cléments. Partout ailleurs, plantez vos figuiers près d'un mur ensoleillé et protégé des vents froids, mais ne vous attendez pas à consommer des fruits.

**29 - J'ai un figuier qui a poussé tout seul dans un coin du jardin. Il fait maintenant 1 m. Puis-je le transplanter ?**

C'est parfaitement possible. Arrachez-le en automne et prenez soin de couper net les racines endommagées. Installez-le dans un trou de bonne dimension et arrosez copieusement. Taillez l'extrémité des rameaux pour favoriser sa reprise.

**30 - Comment taille-t-on les framboisiers ?**

Pour les framboisiers remontants, il suffit de supprimer les drageons et de ne conserver qu'une dizaine de tiges. Taillez-les en dessous de la partie qui a fructifié. Pour les framboisiers non remontants, coupez toutes les tiges qui ont fructifié et ne conservez que huit drageons par touffe.

**31 - Mes framboisiers donnent quantité de baies. Les rejets prélevés seront-ils eux aussi productifs ?**

Les rejets des framboisiers se prélèvent facilement en automne et en hiver et leur fructification est assurée. Au moment de la replantation, coupez-les au ras du sol.

**32 - Je suis à la recherche de framboises jaunes. Où puis-je en trouver ?**

Il existe des producteurs spécialisés dans les plantes rares ou curieuses.

Renseignez-vous. Ils vendent peut-être les framboisiers 'Fall Gold' à fruits jaunes.

### 33 - La terre de mes groseilliers est recouverte de petits champignons. Que faire ?

De toute évidence, ces champignons bénéficient d'ombrage et d'humidité. Réduisez les arrosages après la fructification et désherbez entre les pieds. Écroûtez la surface du sol par temps sec et bêchez la terre à l'automne.

### 34 - Comment doit-on tailler les groseilliers ?

La taille des groseilliers est simple. On supprime les branches mal implantées ou abîmées. On coupe aux deux tiers les tiges principales et les rameaux latéraux à deux yeux. Cette taille s'effectue en automne.

### 35 - Des insectes dévorent les feuilles de mes groseilliers. Il n'en reste pratiquement plus. Que faire ?

Il s'agit certainement de larves de tenthrèdes, des insectes qui se délectent des feuilles et n'épargnent que la nervure principale. Ces chenilles atteignent 3 cm. Éliminez-les à la main. Ne traitez que si vous n'en venez pas à bout par cette méthode naturelle.

### 36 - Comment doit-on tailler les pieds de groseilles à maquereau ?

Au printemps, supprimez les branches grêles et blessées. Coupez les branches qui se développent au centre de la ramure. Conservez une dizaine de branches principales et coupez à trois yeux tous les rameaux qui s'y produisent. Après la fructification, rabattez court toutes les branches qui ont porté des fruits.

### 37 - À quelle distance faut-il planter les jostas ?

Les jostas sont des arbustes qui produisent de délicieuses baies sucrées. Ces arbustes, de la même famille que les groseilliers et framboisiers, atteignent rapidement 2 m de hauteur. Ils demandent beaucoup de place pour bien se développer. Une distance minimale de 2 m est conseillée entre deux pieds.

### 38 - Peut-on planter des kiwis au nord de la Loire ?

Sans aucun problème. Les actinidias supportent les basses températures et ont besoin du froid pour accélérer le mûrissement du fruit. Les kiwis sont des plantes dioïques et il est indispensable d'en cultiver plusieurs pour obtenir des fruits.

### 39 - Doit-on tailler les kiwis ?

On peut les tailler. Cette coupe s'exécute dès la fin de l'hiver. Réduisez de deux yeux la tige principale et taillez tous les quatre ans à deux ou trois yeux les tiges secondaires. Mais rassurez-vous, les kiwis supportent les années sans taille et la fructification peut être abondante.

**40 - Peut-on bouturer les pieds de kiwis ?**

Les kiwis se bouturent, se sèment, se marcottent et se greffent. Les boutures se font au printemps avant que l'extrémité des rameaux ne se lignifie.

**41 - Est-il nécessaire de laver les mûres cueillies dans la campagne ?**

Il est préférable de laver les mûres mais il est surtout important de ne cueillir que les fruits en hauteur. Les renards peuvent uriner sur la plante et cette déjection peut être la cause de graves problèmes de santé chez l'homme. Fort heureusement, cette nuisance n'affecte que certaines régions mais la prudence s'impose.

**42 - J'ai installé dans mon verger des pieds de mûres. Faut-il les tailler ?**

Pour obtenir une fructification satisfaisante, il est conseillé de tailler les pieds de mûres. Palissez vos plants et coupez à trois yeux les sarments auxiliaires. Conservez seulement six tiges par plant et rabattez très court après la récolte toutes les tiges qui ont porté des fruits.

**43 - Doit-on tailler les mûriers ?**

Les mûriers n'ont pas besoin de taille pour fructifier. La taille ne sera réalisée que pour donner à l'arbre une forme particulière ou contenir son développement.

**44 - Les fruits du mûrier platane sont-ils comestibles ?**

Le mûrier platane produit des petits fruits semblables à des mûres, d'où son appellation. Les fruits sont juteux et sucrés et servent surtout pour les confitures et le sirop.

Attention, lorsqu'ils tombent sur une terrasse ou un dallage, ils sont très salissants.

**45 - Comment taille-t-on les pieds de myrtilles ?**

On ne taille que les pieds adultes. Tous les trois ou quatre ans, coupez au ras du sol toutes les tiges qui ont porté des fruits. Ne conservez que sept ou huit branches principales.

**46 - Le myrtillier pousse-t-il dans tous les sols ?**

Le myrtillier est un arbuste qui apprécie les terres fraîches et humides, légères et acides. La terre de bruyère leur convient parfaitement. N'hésitez pas à les arrosez copieusement les semaines qui précèdent la fructification.

**47 - J'ai un néflier dans mon jardin mais les nèfles ne mûrissent pas. Si je les laisse sur l'arbre au moment des premières gelées, elles deviennent dures. Si je les cueille, je n'ai pas de solution pour les faire mûrir. Comment faire ?**

C'est curieux car les nèfles se ramollissent sous l'effet du froid. Et elles n'en sont que meilleures. Les nèfles se cueillent et se conservent un mois dans une pièce fraîche et aérée avant d'être consommées.

**48 - Peut-on planter des néfliers dans les régions aux hivers froids et dans un sol calcaire ?**

Le néflier est un arbre rustique qui supporte les basses températures jusqu'à – 20 °C. Il est peu exigeant sur la structure du sol et il paraît même qu'une terre calcaire améliorerait le goût du fruit.

**49 - Mon noisetier est vieux et beaucoup de ses branches sont mortes. Comment faire pour le rajeunir ?**

Même si le terme de rajeunir est excessif, il est possible de rendre au noisetier dynamisme et vigueur. Coupez court les branches âgées et ne conservez que les jeunes tiges. Supprimez le bois mort et les branches cassées. Il reproduira rapidement de nouvelles branches qui seront porteuses de fruits dès la première année.

**50 - Mes noisettes sont vides et l'on aperçoit un petit trou. Qui est le responsable de ce pillage ?**

Le balanin est un petit charançon qui pond ses larves dans les noisettes. Celles-ci se nourrissent de la chair du fruit. Il n'existe pas de traitement réellement efficace. Pour limiter les dégâts, il est conseillé de ramasser et d'évacuer les noisettes tombées. Les larves s'enfouissent dans la terre pour y passer l'hiver. Un bêchage hivernal limitera la propagation de l'insecte au printemps.

**51 - Le noisetier fructifie-t-il à l'ombre ?**

Le noisetier apprécie les situations ombragées mais lumineuses. Il est parfait pour constituer un sous-bois ou agrémenter une partie de votre potager qui ne bénéficie que de peu de soleil.

**52 - Mon noyer produit beaucoup de noix mais elles disparaissent une fois tombées au sol. Qui est responsable de leur disparition ?**

Le voleur est peut-être votre voisin mais plus sûrement les corbeaux qui prennent un malin plaisir à s'envoler avec vos noix dans leur bec.

**53 - Toutes mes noix sont dévorées de l'intérieur par une chenille. Que faire ?**

Les carpocapses sont friandes des noix et de quantité d'autres fruits. La première chose à faire est d'éliminer les noix tombées à terre. Disposez dans les branches des pièges à carpocapses pour piéger les papillons. Ces pièges et la substance qui attire les insectes se trouvent assez facilement dans les jardineries.

Il est aussi conseillé en hiver de couvrir le tronc d'huile spécifique pour asphyxier les larves qui hivernent sous l'écorce.

**54 - Comment doit-on tailler les noyers ?**

Les noyers, tout comme les cerisiers, ne réclament aucune taille pour fructifier.

**55 - Depuis cette année, mon noyer produit une substance noirâtre. Existe-t-il un traitement ?**

Votre arbre est victime de la maladie de l'encre. Ce champignon colonise les racines puis s'attaque à la souche de l'arbre. L'écorce se couvre ensuite de chancres qu'il convient de gratter. Mais ce petit soin ne fera que retarder l'échéance finale et si vous possédez à proximité d'autres noyers ou châtaigniers, il est fortement conseillé d'abattre le sujet. Il n'existe pas de traitement réellement efficace contre la maladie de l'encre.

**56 - Mes oliviers produisent abondamment mais les olives sont infestées de vers. Que faire ?**

La mouche de l'olivier pond ses larves dans les fruits. Les fruits ne peuvent plus être consommés et il devient urgent de traiter. Dès le printemps, installez dans vos arbres du papier tue-mouches de couleur jaune. Cette couleur attire les mouches qui se colleront sur la glu.

**57 - Peut-on transplanter les oliviers ?**

Malheureusement oui, et facilement, ce qui explique l'odieux commerce des oliviers millénaires. Transplantez en automne et en hiver et arrosez copieusement après la plantation.

**58 - Quelles sont les meilleures variétés d'oliviers ?**

Il n'est pas vraiment possible de parler de meilleures variétés. Telle est réputée pour sa résistance aux maladies ou au froid, telle autre convient mieux à un type de sol. Pour ne pas commettre d'erreur, plantez la « Picholine ». C'est la variété la plus cultivée en France et ce n'est pas sans raison.

**59 - Comment traiter la cloque du pêcher ?**

Il n'existe pas de traitement efficace contre ce champignon qui est la cause d'importants dégâts. Les feuilles s'enroulent, rougissent et sèchent. L'arbre s'affaiblit. Les traitements préventifs ou curatifs donnent rarement des résultats satisfaisants. Pourquoi ne pas essayer le purin d'ortie ou la décoction de prêle ? Ceux qui en utilisent semblent apprécier les résultats.

**60 - Mes pêchers sont malades. Les feuilles sont trouées. Que faire ?**

Il n'y a pas grand chose à faire contre un champignon, la maladie criblée. Ne traitez que si les attaques sont répétitives. Pour limiter la propagation de la maladie, conservez votre verger propre et évacuez les feuilles atteintes.

**61 - J'ai planté un plaqueminier mais il ne donne pas de fruits. Pourquoi ?**

La fructification d'un arbre est fonction de l'ensoleillement, de la structure du sol et de beaucoup d'autres critères. Et bien sûr de son âge. Un plaqueminier ne produit de fruits qu'à partir de quatre ou cinq ans. De plus, cet arbre fruitier est dioïque. Il est donc indispensable qu'un autre plaqueminier vive à proximité. Sinon, vous n'aurez jamais de fruit.

**62 - Faut-il tailler le plaqueminier ?**

Le plaqueminier produit les kakis. Il a besoin de chaleur pour fructifier puis du froid pour que les fruits soient délicieux. Pour faire bénéficier les branches d'un ensoleillement maximal, il est bon de supprimer les branches au centre de la ramure. Aucune autre taille n'est nécessaire.

**65 - Mon poirier semble ne pas se plaire dans la terre bien qu'elle soit toujours humide ?**

Le poirier aime les terres riches mais redoute l'excès d'eau dans le sol et les terres sèches. Installez si possible vos poiriers dans la partie la plus sèche de la propriété.

**64 - Mes poiriers sont malades. Les fleurs et les feuilles ont séché sans raison et mes fruits pourrissent. Que faire ?**

Vos poiriers sont victimes de la moniliose. Ce champignon attaque prioritairement les sujets fatigués et les fruits endommagés et se propage rapidement si l'atmosphère est humide. Connue depuis longtemps des arboriculteurs, cette maladie ne résiste pas aux traitements chimiques si elle est traitée à temps. Mais est-il vraiment intéressant de traiter des fruits produits dans son jardin ?

**65 - Les feuilles de mes poiriers sont couvertes de taches oranges. Faut-il traiter ?**

Vos arbres fruitiers sont victimes de la rouille du poirier. Ce champignon colore les feuilles de taches oranges et affaiblit la plante. Il convient de ramasser toutes les feuilles à l'automne et de les brûler. Il faut aussi se souvenir que la proximité d'autres végétaux favorise l'apparition de ce champignon. Les traitements existent mais lorsque les symptômes apparaissent, il est souvent trop tard.

**66 - Les feuilles de mes poiriers se décolorent et prennent des teintes argentées. Que se passe-t-il ?**

Vos poiriers sont victimes d'un champignon, le *Stereum purpureum*. Autrement nommé « plomb parasitaire », ce champignon colonise principalement les branches mortes et tombées à terre. Il convient avant tout de nettoyer votre verger. Les arbres blessés sont sensibles à cette maladie. Il n'existe pas de traitement vraiment efficace.

**67 - Mes pommes sont recouvertes de moisissures. Comment traiter les fruits ?**

Vos pommes sont victimes d'un champignon, le *Botrytis cinerea,* aussi appelé moisissure grise. Ce champignon prospère dans les déchets végétaux. La première règle à respecter est de ne pas mettre sur le tas de compost les feuilles ou les fruits de l'arbre contaminé. Il est possible de traiter au début du printemps avec des produits à base de cuivre. Mais surtout, nettoyez le verger. Un terrain entretenu limite la propagation du champignon.

**68 - Les feuilles de mes pommiers sont tachées de marron et chutent prématurément. Les fruits portent eux aussi des taches. Comment traiter ?**

Vos pommiers sont atteints de la tavelure, une maladie cryptogamique. Pour éviter sa propagation, évacuez les feuilles tombées et brûlez-les. Ne les utilisez pas pour le compost. Employez si nécessaire un fongicide au printemps, la saison où la tavelure se manifeste. Il est aussi possible de traiter à la bouillie bordelaise à la fin de l'hiver et de renouveler le traitement dès l'apparition des jeunes fruits.

**69 - Est-il possible de rapprocher les deux parties d'un pommier éclaté par la foudre ?**

Beaucoup d'arbres fruitiers sont victimes de la foudre. Il est possible de rapprocher les deux parties d'un arbre éclaté si le bois est peu brûlé. Une fois rapprochées, cerclez-les par un anneau en métal et serrez fermement. Soulagez par un étai si les branches sont importantes. Votre arbre gardera à vie ces séquelles mais produira des fruits les années suivantes.

**70 - Mon pommier est envahi par des petits insectes rougeâtres et est recouvert d'un lainage blanc. Quels sont ces insectes et sont-ils dangereux pour l'arbre ?**

Votre pommier est colonisé par les redoutables pucerons lanigères. Ces pucerons présentent la particularité de se reproduire seuls, sans participation d'un autre puceron. Ils deviennent vite nombreux et les dégâts apparaissent. Les branches sont atteintes et se déforment. L'arbre peut mourir. Les végétaux endommagés sont les premières victimes. Il convient toujours de ne pas détériorer l'écorce des arbres. Il existe des produits efficaces mais attention à ne pas nuire aux abeilles.

**71 - Faut-il tailler les pommiers ?**

Les pommiers palissés sur les murs doivent être taillés tous les ans. Les arbres de plein vent ne seront traités que tous les quatre ou cinq ans. Cette coupe permettra de limiter la hauteur de l'arbre et de cueillir sans avoir besoin d'une échelle. Le bois mort et les branches blessées, grêles ou mal positionnées, seront supprimés.

**72 - Les feuilles de mon prunier sont devenues rouges et se recroquevillent. Que faire ?**

Votre fruitier est atteint par la cloque. La cloque est un champignon qui affecte le plus souvent les pêchers et les pruniers. Les fruits deviennent impropres à la consommation.

**73 - J'ai un prunier dont les prunes ressemblent à des mirabelles. Quel genre de prunes est-ce ?**

Et si c'étaient des mirabelles ? Il existe aussi des pruniers qui produisent des prunes jaunes, les 'Golden Japan', mais elles sont plus grosses que les mirabelles. Alors peut-être la 'Reine-Claude dorée'. Ses fruits sont petits et jaunes. Tout comme la 'Reine-Claude' et la 'Chambourcy'.

**74 - Les extrémités des branches de mon prunier sont mortes et les boutons floraux ont avorté. Quel est le problème et que faut-il faire ?**

Le chancre bactérien est la cause du dépérissement du branchage de votre arbre. Sans attendre, coupez proprement toutes les parties atteintes et brûlez-les. Attention à l'excès d'humidité et veillez à évacuer tous les déchets végétaux entreposés à proximité.

**75 - Mes prunes sont envahies par des petits vers. Existe-t-il un moyen de s'en défaire ?**

Les petits vers sont en réalité des chenilles. Les œufs sont pondus dans les prunes au printemps par un papillon, le carpocapse de la prune. Il existe dans le commerce des pièges à carpocapse ou pièges à phéromones qui produisent des senteurs qui attirent les papillons et les engluent. Cette méthode propre est efficace. Si l'infestation est importante, il sera bon de traiter l'écorce des pruniers en hiver pour supprimer les intrus qui se protègent du froid en s'y cachant.

**76 - Mes prunes sont recouvertes d'une moisissure blanche. Comment traiter ?**

Vos prunes sont atteintes de moniliose. Ce champignon est favorisé par les piqûres d'insectes et toute autre blessure. Les dégâts sont constatés tardivement et les traitements curatifs ne sont d'aucun effet. Traiter préventivement à la bouillie bordelaise à la fin de l'hiver.

**77 - Mon prunier produit des fruits déformés et qui ne mûrissent pas. Quelle est cette maladie ?**

Votre arbre fruitier est victime d'une attaque de champignons. Cette maladie dite « des pochettes » déforme les fruits qui sèchent rapidement. Pour limiter la propagation du champignon, éclaircissez le centre de la ramure du végétal pour que l'ensemble des branchages soit chauffé par le soleil. Supprimez et évacuez les fruits atteints. Évitez de planter des variétés qui fructifient tardivement à la fin de l'été.

**78 - Mes ceps de vigne sont couverts d'une moisissure. Que faire ?**

Vos feuilles de vigne ont le mildiou. Ce champignon aime la chaleur et l'humidité. En l'absence de traitement, les grappes vont se dessécher et devenir impropres à la consommation. Traitez immédiatement après la floraison avec la bouillie bordelaise et renouvelez le traitement deux semaines plus tard.

**79 - Ma vigne est attaquée par des metcalfas. Que faire ?**

Les metcalfas sont des insectes qui pondent leurs œufs dans les écorces. Au printemps et tout l'été, les larves s'attaquent aux arbres fruitiers, au blé, au soja et même aux pissenlits. Ils peuvent être la cause d'importants dégâts dans les vignes. Il existe des produits qui semblent avoir prouvé leur efficacité mais il est bon de rappeler que la suppression des haies champêtres a limité le nombre des oiseaux et des autres insectes prédateurs des metcalfas.

**80 - Qu'est-ce que la bouillie bordelaise ?**

La bouillie bordelaise est un fongicide très employé dans les vignes bordelaises, d'où son nom. Cette bouillie est efficace contre le mildiou. Elle contient du sulfate de cuivre, de la chaux et parfois du soufre. On l'utilise généralement avant l'apparition du feuillage pour éviter les risques de brûlures. Bien qu'elle soit souvent considérée comme un produit propre, son utilisation abusive pollue les terres.

**81 - Puis-je recouvrir ma tonnelle de vigne ?**

Bien sûr. La vigne adore le plein soleil et poussera vite. De plus, l'ombre produite par son feuillage vous sera bénéfique et les grappes de raisin offriront à votre tonnelle un aspect très esthétique et profitable.

# 10 L'eau

**1 - Quels sont les avantages de l'arrosage automatique ?**

L'arrosage intégré évite la manipulation et le transport des tuyaux d'arrosage souvent lourds et salissants. Il offre une régularité dans la fréquence des arrosages et fonctionne en l'absence du propriétaire. Mais l'eau devient rare et beaucoup d'arrosages sont injustifiés. L'arrosage intégré n'a d'utilité que pour les jardins des régions ensoleillées, et encore.

**2 - Quels sont les inconvénients de l'arrosage intégré ?**

Ils sont nombreux. Les municipalités interdisent fréquemment l'arrosage des jardins en été. Votre installation sera alors inerte au moment où elle aurait été vraiment utile. La tentation d'arroser souvent et tardivement en automne favorise l'apparition de champignons sur les pelouses. En été, l'arrosage fréquent accélère la croissance du gazon et oblige à tondre souvent. Ce même arrosage détrempe régulièrement vos allées et favorise le développement des mauvaises herbes. Enfin, l'eau entraîne avec elle les éléments nutritifs du sol en profondeur et la terre finit par s'appauvrir.

### 3 - Un arrosage automatique est-il économique ?

Un arrosage intégré est un investissement coûteux. La conception du dispositif d'arrosage, son installation et son entretien restent chers. Pour réduire la facture, n'oubliez pas d'installer un dispositif de calcul de l'humidité du sol, dispositif qui bloque l'arrosage lorsque la terre est humide.

### 4 - À quel moment de la journée doit-on déclencher l'arrosage et pour quelle durée ?

Pour éviter que l'eau ne s'évapore et pour lui laisser le temps de pénétrer la terre, il est indispensable de programmer l'arrosage en fin de soirée. Il est préférable d'arroser une pelouse régulièrement plutôt que de déverser beaucoup d'eau de temps à autre. Dix minutes par jour suffisent. Cette règle s'applique à l'ensemble des végétaux.

### 5 - Pourquoi est-il déconseillé d'utiliser l'eau du robinet pour arroser les plantes d'intérieur ?

L'eau du robinet est souvent calcaire. Le calcaire nuit à la bonne absorption du fer indispensable à la plante. Les carences en fer tachent et décolorent le feuillage. La plante est affaiblie et peut dans certains cas mourir.

### 6 - L'excès d'eau est nocif aux plantes. Pourquoi ?

Dans un sol inondé, l'oxygène est rare. Cette rareté favorise certaines bactéries. Celles-ci augmentent la teneur en dioxyde qui s'ajoute aux toxines rejetées par les racines. Ces dernières développent des pourritures et ne peuvent plus absorber d'eau. Et paradoxalement, la plante meurt de soif.

### 7 - La lune a-t-elle une influence sur l'eau et les plantes en particulier ?

La lune a une influence sur l'eau et est la cause directe du phénomène des marées. Mais son influence sur la croissance végétale n'a jamais été prouvée. Jean-Baptiste de La Quintinie, le grand jardinier de Versailles et créateur du Potager du Roy disait, après s'être intéressé à la question : « La lune, le prétexte des mauvais jardiniers. »

### 8 - Faut-il arroser les arbres en été ?

Seuls les arbres récemment plantés seront arrosés. Les arbres adultes produisent en profondeur des racines capables de puiser l'eau à plusieurs mètres sous terre. Si vous deviez fournir à un arbre la quantité d'eau nécessaire à son équilibre, il vous faudrait verser chaque jour deux cents litres d'eau à son pied.

### 9 - Faut-il arroser les arbres en hiver ?

De la fin de l'automne au début du printemps, les arbres à feuilles caduques se placent en repos végétatif. Les arbres à feuilles persistantes et les conifères réduisent eux aussi leurs activités. De plus, l'air est humide et la terre conserve en surface l'eau des pluies automnales. L'arrosage des arbres en automne et en hiver est inutile sauf s'ils viennent d'être plantés.

### 10 - En quoi consiste le paillage ?

Pour conserver la fraîcheur d'un sol et réduire l'évaporation de l'eau, il est conseillé de recouvrir la terre d'un tapis de feuilles, d'herbes ou de paille. C'est le paillage. Cette méthode est simple à mettre en place et réduit la croissance des mauvaises herbes.

### 11 - Qu'appelle-t-on « plomber » une plante ?

Une plante réclame beaucoup d'eau à la plantation. Il convient de l'arroser copieusement. Le plombage consiste à déverser immédiatement après la plantation la quantité d'eau nécessaire pour que la terre entre immédiatement en contact avec les racines et colmate les espaces vides du sol.

### 12 - Qu'appelle-t-on « bassiner » une plante ?

Le bassinage consiste à mouiller le feuillage d'une plante. Le bassinage ne convient pas à tous les végétaux, en particulier ceux qui possèdent des feuilles décoratives. Il ne faut jamais bassiner une plante exposée au soleil pour lui éviter les risques de brûlures.

### 13 - Puis-je boire l'eau de mon puits ?

Il est indispensable de faire analyser l'eau d'un puits avant d'en consommer. Cette règle s'impose d'autant plus que les eaux souterraines en France sont gravement polluées. En 2004, 61 % des eaux souterraines contenaient des pesticides et 27 % des points d'eau analysés exigeaient un traitement avant toute exploitation. L'Institut français de l'environnement précise dans son étude que les insecticides et désherbants contaminent 96 % des points de mesure des eaux superficielles. (*Le Figaro*, 19 août 2006.)

# Les plantes aquatiques 11

**1 - Je viens de remplir mon bassin et l'eau est devenue rapidement verte. Que faut-il faire pour qu'elle retrouve son apparence normale ?**

Votre eau contient des minuscules algues qui sont à l'origine de cette couleur verte. Elle retrouvera sa pureté dans quelques jours naturellement et sans traitement.

**2 - Les plantes des berges jaunissent à l'automne. Faut-il les couper ?**

Il est possible de couper les végétaux jaunis pour donner au bassin une allure propre en hiver. Lorsque la berge borde un cours d'eau, veillez à conserver ce couvert végétal qui sert de refuge à quantité d'animaux.

**3 - Mes poissons sont morts et pourtant je n'ai traité ni l'eau ni même le jardin. Quelle peut être la cause de cette brusque mortalité ?**

Certains arbustes produisent des fruits toxiques pour les poissons. Si vous avez planté sur la berge un cytise *(Laburnum anagyroïdes)* pour la beauté de sa floraison jaune, ne cherchez plus. Ses graines tombées dans l'eau sont responsables de la mort de vos poissons.

**4 - Il existerait une argile qui permettrait de colmater les fuites d'un étang sans le vider. Est-ce vrai ?**

Vous faites allusion à la bentonite, une argile vendue en poudre et que l'on disperse au-dessus de l'eau. Elle se dépose sur le fond et comble les trous et autres imperfections. Pour une parfaite efficacité, il est nécessaire de renouveler l'application deux ou trois années de suite.

**5 - Quelles sont les plantes de berges qui fleurissent au printemps ?**

Beaucoup de plantes de berges fleurissent au printemps. Le bugle rampant aux belles fleurs bleues, la fleur de coucou (rose) ou encore la cardamine et ses coloris mauves.

**6 - Quelles sont les plantes de berges qui fleurissent en été ?**

La majorité des plantes de berges fleurissent en été.

La gentiane jaune, la reine-des-prés blanche, l'iris de Sibérie bleu, l'hémérocalle, le plus souvent jaune ou orange, ou encore le géranium des prés qui se plaira aussi dans votre jardin à condition de conserver la terre fraîche.

**7 - Comment éviter que mes poissons ne meurent d'asphyxie quand le bassin est gelé ?**

Pour éviter que la glace ne recouvre l'intégralité de la surface de l'eau, il vous suffit d'installer un fagot de bois dans votre bassin. L'espace libre entre les branchages permettra à l'air de circuler et à vos poissons de respirer.

**8 - Mon bassin est recouvert de lentilles d'eau. Que faire ?**

Les plans d'eau sont des surfaces délicates à entretenir. Les produits chimiques peuvent nuire aux poissons et batraciens et polluer durablement le sol. Ils sont en outre de peu d'efficacité.

Les lentilles d'eau obscurcissent la surface de l'eau et privent de lumière et d'air les poissons qui vivent dans le bassin. Il convient de les évacuer. Les lentilles d'eau se développent sur les eaux stagnantes. Il convient tout d'abord, lorsque c'est possible, de remettre en eau la fontaine coupée en hiver. La seule méthode pour les bassins modestes est de les ramasser régulièrement avec une épuisette. Il paraît que les canards s'en nourrissent et favorisent ainsi leur disparition.

**9 - Mon petit bassin dégage en été une odeur forte et vraiment désagréable. Comment puis-je remédier à ce problème ?**

Les feuilles mortes, les pétales de fleurs et les déchets de vos plantes aquatiques pourrissent dans l'eau. C'est la cause de ces odeurs. Il convient de nettoyer votre bassin chaque année au printemps et d'évacuer tous les déchets flottants. Il est aussi indispensable de renouveler en partie l'eau pour restituer l'oxygène nécessaire aux poissons.

**10 - Est-il obligatoire de faire une demande pour creuser un bassin ?**

Il ne faut pas confondre bassin et piscine. Il n'est pas nécessaire de déposer une demande d'autorisation administrative si la surface de votre pièce d'eau est inférieure à 1 000 m², mais il est néanmoins conseillé de se renseigner auprès de sa mairie qui peut, dans certains cas, émettre des réserves, en particulier dans les régions pauvres en eau ou sujettes aux sécheresses.

**11 - Il paraît que le charbon de bois est utile dans l'eau. Qu'en est-il ?**

Le charbon de bois, en particulier dans les vases, évite le croupissement de l'eau. Dans un bassin, il ne dispense pas d'évacuer les déchets comme les feuilles mortes ou l'herbe fauchée. Il faut environ 1 kg de charbon de bois pour deux cents litres d'eau pour que ce procédé soit efficace.

**12 - Peut-on utiliser l'eau du robinet pour remplir son bassin ?**

Bien sûr, et c'est d'ailleurs la méthode la plus simple. Il est seulement conseillé de le faire en dehors des périodes de sécheresse car elle est alors moins chargée en chlore, celui-ci étant rajouté pour améliorer la qualité de l'eau destinée à la consommation et ce principalement de juin à fin août.

**13 - Quelle est la température idéale de l'eau pour les poissons ?**

Il n'y a pas vraiment de température idéale pour les poissons classiques. Il faut seulement veiller à oxygéner la pièce d'eau dès que la température de l'eau dépasse les 25 °C.

**14 - Existe-t-il un ouvrage de qualité qui traite des plantes aquatiques ?**

Ce livre existe. Il est signé Richard Poisson (ce n'est pas une blague) et a pour titre *Le Monde des plantes aquatiques, de rives et de berges*. Il est publié aux éditions du Rouergue.

**15 - Existe-t-il des plantes de berges qui fleurissent abondamment ?**

Beaucoup de plantes de rives fleurissent magnifiquement. Il vous est possible de planter des hémérocalles, des populages des marais, des astilbes, le géranium palutris ou le *Ligularia stenocephala* et sa splendide floraison jaune en été.

**16 - J'ai planté sur une rive des arums à feuilles de bananier. Ils prospèrent mais ne fleurissent toujours pas. Pourquoi ?**

Les arums à feuilles de bananier ou lysichiton d'Amérique fleurissent en mars. Mais ils prennent leur temps avant de fleurir et il faut parfois attendre plusieurs années pour découvrir une fleur. Ne perdez pas patience.

**17 - J'ai choisi le carex pour orner la berge de mon petit étang. Mais je suis déçu. Les végétaux plantés à l'automne ne se sont pas développés. Pourquoi ?**

Le carex est une jolie plante. Il en existe des variétés au feuillage vert, jaune ou bleuté. Cette plante est rustique et demande peu de soins. Mais elle prend son temps pour s'installer. Patientez cette année et si la terre est restée très humide toute l'année, elle se développera avec énergie dès le printemps suivant.

**18 - Je souhaite planter un végétal aux feuilles énormes et qui ressemble vaguement à la rhubarbe. Quelle est cette plante et est-elle adaptée à nos jardins ?**

Vous faites certainement allusion au *Gunnera manicata*. Cette plante produit de gigantesques feuilles qui peuvent atteindre jusqu'à 2 m de diamètre. Le gunnera a besoin de beaucoup d'eau pour prospérer et il doit être installé dans les endroits frais et humides en permanence.

**19 - On m'a vendu une plante comme étant un gunnéra et pourtant les feuilles restent petites. Pourquoi ?**

Vous avez bien acheté un gunnéra mais un *Gunnera magellanica*. Contrairement à son cousin géant qui peut atteindre 2 m de haut, le magellanica dépasse rarement les 10 cm. Cette variété naine est esthétique et tapisse magnifiquement les berges. Elle exige une terre humide tout au long de l'année et tolère le froid jusqu'à – 10 °C.

**20 - Mon petit bassin ne possède pas de pompe pour oxygéner l'eau. Existe-t-il une plante qui pallie ce manque ?**

La pesse d'eau est une jolie plante aquatique. Elle dresse hors de l'eau un beau feuillage à condition toutefois qu'elle ne soit pas installée trop en profondeur. Elle active l'oxygénation de l'eau et sert de plus de refuge aux poissons.

**21 - Faut-il protéger les lotus du froid ?**

Les lotus sont sensibles et craignent les gelées. Il vous est conseillé de les extraire de l'eau et de les conserver dans un sable très humide tout l'hiver dans une pièce fraîche et lumineuse.

**22 - J'ai refait mon plan d'eau et j'ai transplanté mes lysichitons. Depuis, ils ne fleurissent plus. Que faire ?**

Les lysichitons sont de magnifiques plantes des terres humides. Ces végétaux aux allures d'arums sont capricieux et détestent être déplacés. Il faudra beaucoup de temps pour qu'ils retrouvent leur splendeur, quelques années, peut-être même plus de dix ans.

**23 - J'ai planté près de mon bassin des pieds de mimules. Ils sont dévorés par un insecte. Lequel et que faire ?**

Vos mimules sont victimes des limaces qui s'en délectent. Il paraîtrait que cerner une plante de cendre ou d'aiguilles de pin empêcherait les limaces d'approcher la plante. À tester.

**24 - Mes nénuphars sont couverts de pucerons. Comment faire pour m'en débarrasser ?**

Il vous suffit d'arroser les feuilles. Le jet va pousser les pucerons dans l'eau et s'ils évitent la noyade, ils feront le bonheur des poissons. Il est aussi possible de lester les feuilles quelques jours. Tous les insectes indélicats qui vivent sur la plante seront détruits.

**25 - Quelle est la meilleure période pour planter des nénuphars ?**

Les nénuphars se plantent à racines nues au printemps.

**26 - J'ai envie d'installer des nénuphars dans mon bassin mais je ne sais comment faire.**

Achetez chez un fournisseur spécialisé des rhizomes de nénuphars. Déposez-les dans des paniers en plastique spécialement conçus pour les plantes aquatiques.

Disposez au fond du panier un tissu épais que vous recouvrirez d'argile et de terreau.

Placez vos rhizomes dans le mélange terreux et recouvrez de cailloux. Ces cailloux protégeront vos plants de l'appétit des poissons et lesteront le panier.

Installez le panier en bordure de la pièce d'eau et enfoncez le au fur et à mesure de la croissance des plantes.

**27 - J'aimerais planter près de mon bassin des papyrus. Est-ce possible ?**

Le papyrus est fragile et craint le froid. Il est conseillé de le cultiver dans un pot que vous rentrerez avant l'hiver. Si vous avez la chance d'habiter dans une région où les hivers sont souvent doux, plantez-le protégé du froid et exposé plein soleil.

**28 - Doit-on couper les roseaux en hiver ?**

Cela n'est pas une obligation. Vous pouvez le faire pour nettoyer les berges. Ils repousseront au printemps.

**29 - Il paraîtrait qu'il existe des soucis des marais. Est-ce vrai ?**

Le souci des marais existe et a pour autre nom le souci d'eau ou le populage des marais. Le *Caltha palustris* est une jolie plante vivace qui fleurit jaune au début du printemps. Elle demande peu de soins et résiste au froid même important.

**30 - Existe-t-il des plantes aquatiques flottantes ?**

Les plantes flottantes existent. Le mors de grenouille fleurit blanc en été et hiverne au fond du bassin de la fin de l'automne au début du printemps. Une autre plante flottante, le stratiote faux aloès, s'installe sous l'eau tout l'hiver pour réapparaître sur l'eau avec le retour des beaux jours.

**31 - Une partie de mon jardin est inondée plusieurs mois par an. Même en été, la terre est humide et rien n'y pousse. Existe-t-il une plante qui vivrait dans un tel sol ?**

Plantez des *Lychnis floscoculi*. Les œillets des prés se plaisent dans les terres humides toute l'année. Ils fleurissent rose au printemps et colonisent rapidement le terrain. Ils ne demandent aucun entretien.

**32 - J'ai dans mon jardin un petit bassin, le sol est sablonneux et les hivers sont froids. Existe-t-il une plante aquatique qui permettra à mon poisson rouge de se protéger du soleil ?**

Le trèfle d'eau est une plante aquatique à feuilles flottantes. Il supporte le soleil et la mi-ombre et résiste au froid.

**33 - Qu'appelle-t-on le lis d'eau ?**

Le lis d'eau est une plante aquatique également nommée « nénuphar rustique ». Ses fleurs sont magnifiques et se ferment à la tombée du jour. Il a besoin d'un soleil intense pour bien fleurir.

# Les plantes grimpantes

# 12

**1 - Qu'appelle-t-on plante sarmenteuse ?**

Une plante sarmenteuse produit de longues tiges souples mais qui ne possèdent pas de systèmes d'accroche comme chez les plantes grimpantes.

**2 - À quelle période doit-on installer les plantes grimpantes ?**

Les plantes grimpantes s'achètent toujours en godet ou en pot. Il est ainsi possible de les planter toute l'année mais une mise en terre printanière sera la plus bénéfique.

**3 - Est-il possible d'installer des plantes grimpantes dans un lieu ombré en permanence ?**

Quelques plantes grimpantes tolèrent les situations ombrées mais sans excès : l'actinidia, le chèvrefeuille, le jasmin officinal, la vigne vierge ou encore la clématite montana. Ces plantes seront plus florifères et feuillues en situation ensoleillée.

**4 - Je veux recouvrir ma balustrade de plantes grimpantes. Est-ce possible ?**

Il existe quantité de plantes grimpantes qui fleuriront sur votre balustrade. Optez pour des végétaux de croissance modérée et évitez la glycine qui produit des tiges puissantes et destructrices au bout de quelques années.

**5 - Excepté le lierre, existe-t-il des plantes grimpantes qui gardent leur feuillage en hiver ?**

Il n'y a pas que le lierre qui produise des feuilles persistantes. Le jasmin des Indes, la dentelaire du Cap, le chèvrefeuille Henry ou encore le mandevilla sont des végétaux à feuillage persistant. Mais ces plantes sont marginales et la majorité aiment les régions ensoleillées.

**6 - J'ai sur un vieux mur un lierre qui se plaît. Puis-je le laisser ?**

Le lierre produit des racines qui peuvent pénétrer les failles et causer de gros dommages. Choisissez plutôt des grimpantes qui se fixent avec des crampons comme la vigne vierge.

**7 - L'aristoloche est-elle de culture simple ?**

Les aristoloches (il en existe plus de trois cents espèces) s'accommodent du soleil et de la mi-ombre. Elles aiment les sols riches et drainés mais exigent une température minimum de 10 °C en hiver. À ne planter que dans la zone dite « de l'oranger » sur la Côte d'Azur ou à cultiver en pot.

**8 - Faut-il tailler les bignones ?**

Les bignones ne réclament pas de tailles régulières pour bien fleurir. Il est néanmoins recommandé de couper les tiges à quatre ou cinq yeux au début du printemps.

**9 - Les bignones résistent-elles au froid ?**

Les bignones sont des plantes grimpantes qui apprécient la chaleur et les hivers cléments. Il en pousse néanmoins en région parisienne et dans l'Est de la France. Pour améliorer leur confort, protégez en hiver leurs pieds et leurs rameaux si possible. Cette protection sera ôtée dès que le temps le permettra.

**10 - Ma bougainvillée ne fleurit pas. Pourquoi ?**

La bougainvillée est un bel arbuste sarmenteux qui exige chaleur et lumière pour se développer. Si vous habitez une région aux hivers froids, il vous faut la cultiver en pot et si vous vivez au sud de la Loire, installez-la face au soleil et près d'un mur.

**11 - Existe-t-il des chèvrefeuilles qui ne fleurissent ni blanc ni jaune ?**

La majorité des chèvrefeuilles fleurissent jaune. Mais il est possible de trouver en pépinière des variétés à fleurs rouges ou roses. Presque toutes les jardineries en proposent.

**12 - Les feuilles de mon chèvrefeuille sont couvertes de taches noires. Faut-il traiter ?**

Le feuillage est couvert de fumagine, un champignon favorisé par le miellat sécrété par des insectes, les pucerons ou les cochenilles par exemple. Il est possible d'employer un fongicide mais il faudrait préalablement tuer les insectes. Mais est-ce vraiment raisonnable dans un pays qui détient toujours en Europe le triste record d'épandage des pesticides ?

**13 - J'ai planté une clématite au printemps. Depuis le mois de juin, son pied et une dizaine de centimètres de sa tige semblent brûlés. Que faire ?**

Il est dit pour la clématite qu'elle aime avoir « le pied à l'ombre et la tête au soleil ». Plantez à côté du pied de votre clématite une vivace qui lui offrira l'ombrage et la fraîcheur nécessaires à son bien-être.

**14 - Doit-on tailler les clématites ?**

La taille favorise la floraison des clématites. Pour celles qui fleurissent au printemps, contentez-vous de couper l'extrémité des tiges de 30 cm. Pour celles qui fleurissent pendant l'été, rabattez à 30 cm du sol toutes les tiges.

**15 - Les feuilles de ma clématite sont couvertes d'un feutrage blanc. Que faire ?**

Votre feuillage est atteint par l'oïdium, un champignon favorisé par la chaleur et l'humidité. Pour limiter son extension, aérez votre clématite et évitez que son feuillage ne soit plaqué à même le mur.

**16 - Ma clématite était belle mais depuis quelque temps les feuilles et les tiges « fanent ». Que faire ?**

Votre plante souffre d'une maladie simplement nommée « dépérissement des clématites ». Il n'existe pas de traitement efficace. Si la plante est atteinte dans son ensemble, arrachez-la. Si une partie seulement du végétal est contaminée, coupez au ras du sol. Avec un peu de chance, la clématite reproduira des jeunes pousses saines.

**17 - Les feuilles de ma clématite sont mangées. Quel est l'animal responsable ?**

Vos feuilles font le bonheur des perce-oreilles. Les dégâts justifient rarement un traitement. Pour vous en défaire de façon « propre », il vous suffit de déposer près du pied un pot en terre rempli d'herbes. Il y a de fortes chances pour que les insectes viennent s'y reposer le jour. Il ne vous reste plus qu'à les éliminer.

**18 - Mes clématites perdent leur feuillage dès la fin de l'été. Est-ce normal ?**

Ce n'est pas normal mais la plante n'en souffre pas. Il vous suffit de pailler le pied pour que la fraîcheur persiste. Ainsi préservée, la clématite conservera son feuillage une bonne partie de l'automne.

**19 - Ma cobée est splendide dans mon jardin du Sud de la France et souffreteuse dans ma propriété des Hauts-de-Seine. Où est le problème ?**

La cobée est une plante grimpante originaire du Mexique. Sensible aux gelées hivernales, elle se cultive en annuelle partout en France et en vivace dans les régions côtières de l'Atlantique et sur la Côte d'Azur.

**20 - Mes arbustes sont envahis par une curieuse plante. Elle produit plein de petites tiges fines et très peu de feuilles. Quel est son nom et comment m'en débarrasser ?**

Vos arbustes sont envahis par des cuscutes, des plantes grimpantes parasites. Elles deviennent vite encombrantes si l'on ne prend pas soin de les éliminer rapidement. L'arrachage à la main et un bêchage automnal des terres est la meilleure méthode pour s'en défaire.

**21 - Il existerait un fusain grimpant. Est-ce vrai ?**

C'est exact et il s'agit de l'*Euonymus fortunei.* Ce fusain tolère la mi-ombre et possède des feuilles persistantes. De plus, il supporte les basses températures et s'accommode de tous les sols. Il peut grimper à 6 m de hauteur à condition qu'il soit palissé.

**22 - Mon pied de glycine ne donne pas de fleurs malgré l'engrais que je lui verse.**

La glycine n'a pas besoin d'engrais. Dans une terre trop riche, elle développe son feuillage au détriment de la floraison. De plus, la glycine exige le plein soleil pour fleurir abondamment.

**23 - Comment doit-on tailler les glycines ?**

La taille permet de contenir sa croissance et de limiter son branchage. Réduisez les branches les plus longues et supprimez lorsque cela est possible les tiges les plus anciennes, excepté bien sûr la ou les tiges maîtresses.

**24 - Toutes les glycines fleurissent-elles violet ?**

Non. Il existe une très belle glycine, la glycine du Japon 'Alba' qui produit de magnifiques grappes de fleurs blanches.

**25 - Je souhaite mélanger un rosier liane et une clématite. Est-ce un bon choix ?**

La clématite ne résistera pas au dynamisme du rosier liane. Elle sera vite étouffée. Mettez plutôt en mélange chèvrefeuille, glycine, bignone et clématite.

**26 - Il paraîtrait qu'il existe un hortensia grimpant. Est-ce vrai ?**

L'hortensia grimpant existe même s'il ne ressemble pas vraiment à l'image de celui de votre jardin. L'*Hydrangea petiolaris* fleurit en juillet. Ces fleurs sont blanches et réunies en bouquet. Il aime l'ombrage et atteint 7 m de hauteur.

**27 - Quelle est la plante grimpante capable de recouvrir très vite un mur très laid ?**

L'ipomée est la plante grimpante qui se développe le plus vite. Elle est capable en quelques semaines de recouvrir plusieurs mètres carrés. De plus, elle fleurit en été.

**28 - Faut-il supprimer les fleurs fanées du jasmin ?**

Inutile de perdre votre temps. La pluie et le vent se chargeront de nettoyer après floraison votre pied de jasmin.

**29 - Je souhaite bouturer mon jasmin d'hiver. Est-ce possible ?**

Le jasmin d'hiver se bouture au début de l'été. Prélevez 10 cm de tiges à l'extrémité des branches. Vous ne conservez que les dernières feuilles. Trempez la bouture dans un flacon d'hormones de croissance et plantez-la dans un mélange de sable et de terreau. Conservez votre bouture dans une pièce fraîche et lumineuse. Plantez la jeune pousse au printemps suivant.

**30 - J'ai planté au pied d'un mur du lierre et il ne pousse pas. Je croyais que cette plante poussait partout et vite.**

Le lierre est une plante qui n'a pas besoin de l'homme pour prospérer. Mais il est capricieux à la plantation. Choisissez de jeunes pieds et plantez-les à l'automne en situation ombragée. Arrosez copieusement à la plantation et n'y touchez plus. Quand le lierre est adulte, le plein soleil convient parfaitement à son branchage.

**31 - J'ai un très vieux lierre. Quand le tailler sans dommages ?**

Les vieux lierres sont très décoratifs. Ils peuvent produire des tiges d'un diamètre de 20 cm lorsqu'ils sont âgés. La taille est à effectuer en priorité au printemps. Les coupes mettent souvent à jour un bois pas toujours esthétique, bois qui sera recouvert en peu de temps par les nouvelles feuilles. Mais il est aussi possible de tailler les lierres toute l'année excepté pendant les périodes de gel.

**32 - Mon jardin est envahi de liserons. Nous l'arrachons régulièrement mais il ne cesse de s'étendre. De plus, les désherbants ne sont d'aucune utilité. Que faire ?**

Détachez une tige de liseron et faites-la tremper dans une coupelle remplie de désherbant. Le liseron va absorber le produit et l'ensemble du pied va mourir. Reversez ensuite le désherbant dans son flacon. Vous aurez traité efficacement et sans polluer.

**33 - Quelle est la couleur de la fleur de mandevilla ?**

Il existe plusieurs variétés de mandevilla. Deux sont principalement cultivées dans nos jardins. Le *Mandevilla amabilis* qui fleurit le plus souvent rose ou rouge et le *Mandevilla boliviensis* aux fleurs blanches et aux cœurs jaunes.

**34 - Mon mandevilla est malade. Il a des taches blanches sur les feuilles. Que faire ?**

Si les taches ont l'apparence de petits tas cotonneux, vos mandevillas sont envahis par les cochenilles. Si les feuilles sont tachées de blanc avec au centre des points noirs, ils sont victimes des thrips, des insectes piqueurs. Versez un engrais à vos plantes pour les fortifier. Elles résisteront mieux à l'agresseur et les symptômes s'atténueront.

**35 - Faut-il tailler le plumbago ?**

Le plumbago est une plante qui aime la chaleur. Il ne doit être planté que dans les régions les plus chaudes de France. On le taille au printemps en réduisant à 15 cm les jeunes tiges.

**36 - Les fruits du pois de senteur sont-ils comestibles ?**

Les fruits du pois de senteur sont comestibles mais ceux que vous achetez comme semence peuvent être enrobés de différents produits. Ne consommez que ceux que vous récoltez.

**37 - J'ai une magnifique passiflore dans ma véranda. Elle touche le plafond. Est-ce que je peux la tailler ?**

Oui, d'autant plus que cette taille favorisera le départ de jeunes pousses qui rendront à votre plante son aspect buissonnant. Cette taille sera également bénéfique à la floraison.

**38 - Les fruits de ma passiflore sont-ils comestibles ?**

Votre passiflore est également nommée « fleur de la passion ». Elle produit des fruits, certes comestibles, mais sans grand intérêt. Ils n'ont rien de commun avec ceux d'une autre passiflore qui produit les « fruits de la passion ». Deux plantes cousines de la même famille mais la dernière exige une température minimale de 16 °C, température qui rend sa culture impossible sur la majeure partie de la France.

**39 - Doit-on tailler les rosiers grimpants ?**

Les rosiers grimpants ne demandent pas de taille particulière. Supprimez simplement à la base les gourmands, les branches mal positionnées ou gênantes. Et n'oubliez surtout pas de supprimer les fleurs fanées.

**40 - J'ai sur ma pelouse le squelette d'un arbre mort depuis quelques années. Puis-je le recouvrir d'une plante grimpante et si oui laquelle ?**

Vous pouvez recouvrir l'arbre mort de plantes grimpantes. Toutes se satisferont de ce support. Essayez le rosier liane. Sa vitesse de croissance et sa floraison abondante donneront rapidement l'illusion d'un arbre en fleurs. Et, avantages non négligeables, peu d'arrosage, peu de tailles, peu d'entretien.

**41 - Je souhaite couvrir un treillage. La vigne vierge pousse-t-elle vite ?**

La vigne vierge pousse vite et bien et le rougissement de ses feuilles à l'automne est un régal. Sa croissance varie selon la nature du sol et l'ensoleillement mais en trois ou quatre ans, la vigne vierge recouvre généralement le support sur lequel elle s'est fixée.

**42 - La toiture de mon garage est envahie par la vigne vierge. Puis-je la tailler et quand ?**

La vigne vierge est une plante grimpante robuste qui tolère les tailles, même sévères. Il vous est possible de la tailler toute l'année mais il est préférable d'attendre la fin de l'automne pour profiter de ses magnifiques teintes rouges.

**43 - La vigne vierge accepte-t-elle d'être plantée dans un endroit du jardin peu éclairé ?**

La vigne vierge tolère l'ombrage mais elle produira moins de feuilles et développera de longues tiges sans grand intérêt.

**44 - Mes rosiers sont envahis par des volubilis. Faut-il les arracher ?**

Les volubilis se développent vite et deviennent rapidement envahissants. Vous devez les arracher avant que vos rosiers n'en souffrent. Et installez une clématite.

# 13 Les hôtes du jardin

**1 - Qu'appelle-t-on lutte intégrée ?**

La lutte intégrée est une méthode biologique pour éliminer les insectes par d'autres insectes appelés auxiliaires. On trouve par exemple dans le commerce des larves de coccinelles ou de chrysopes qui vous débarrasseront des pucerons.

**2 - Comment aménager un jardin pour accueillir la faune sauvage, escargots, oiseaux, etc. ?**

Il est facile d'attirer dans son jardin les animaux. Les prairies champêtres attirent les insectes qui attirent à leur tour les oiseaux. Pour ces derniers, disposez en permanence une vasque remplie d'eau pour leur permettre de se désaltérer. Pour les escargots, laissez en place les végétaux qu'ils apprécient comme les orties ou les pissenlits. Plantez des œillets d'Inde, ils en raffolent. Placez là où c'est possible des pierres pour qu'ils puissent se réfugier et trouver de la fraîcheur. Et jetez tous les pesticides.

**3 - Mon jardin, et en particulier mes arbres, sont envahis d'insectes appelés « gendarmes ». Sont-ils nuisibles et si oui, comment m'en débarrasser ?**

Le gendarme est un insecte que nous avons tous observé quand nous étions enfants. Sa couleur rouge et ses points lui donnaient une allure terrifiante. De son vrai nom *Pyrrhocoris apterus*, le gendarme se nourrit de déchets végétaux, de graines et de minuscules insectes. Les dégâts occasionnés sont à peine perceptibles. Leur destruction n'est pas justifiée.

**4 - Je suis envahi de campagnols. Comment faire pour m'en débarrasser ?**

Les campagnols sont d'adorables petits mammifères qui détestent être dérangés. Ils se déplacent avec discrétion et font tout pour ne pas être vus. Pour limiter leur prolifération, tondez court vos pelouses et évacuez vos tas d'ordures. N'oubliez pas de faucher ras les bords des murs, là où ils établissent généralement leurs nids.

**5 - J'observe souvent dans mon jardin un gros insecte appelé « cerf-volant ». De quoi se nourrit-il ?**

Le lucane « cerf-volant », son vrai nom, est le plus gros des insectes qui vit sous nos climats. Il peut atteindre jusqu'à 9 cm. Il se nourrit des substances végétales produites par les arbres, la sève en particulier. Il ne commet aucun dégât. Cet insecte est protégé et sa destruction interdite.

**6 - Que mangent les cigales ?**

Les cigales pondent en été. Les larves vivent dans la terre et sucent les racines des plantes. Les cigales adultes se nourrissent en consommant la sève des jeunes pousses. Elles meurent avec l'arrivée de l'hiver. Les végétaux ne souffrent pas de leur présence, excepté les oliviers qui pâtissent de la cigale mignonne, une petite cigale qui se nourrit elle aussi de la sève des arbres mais provoque le dessèchement des jeunes branches.

**7 - On prétend que les coccinelles mangent les pucerons. Est-ce vrai ?**

La coccinelle a un grand appétit et consomme chaque jour son poids en pucerons. Mais la plus vorace est la larve de coccinelle. Elle engloutit à elle seule cent cinquante pucerons par jour. Ces chiffres font méditer sur l'emploi des insecticides et l'intérêt qu'il peut y avoir à conserver dans son jardin notre bête à Bon Dieu.

**8 - Les crapauds sont-ils utiles au jardin ?**

Les crapauds sont des batraciens particulièrement utiles au jardin. Ils se nourrissent de limaces, chenilles, insectes et même d'escargots. Il faut tout faire pour les protéger.

**9 - Il est souvent indiqué sur les emballages d'insecticides qu'il ne faut pas traiter pendant la période de butinage des abeilles. Existe-t-il des produits qui ne représentent pas de danger pour ces dernières ?**

Des voix s'élèvent pour faire interdire des pesticides qui nuiraient aux abeilles. Les premiers concernés sont les apiculteurs qui constatent une baisse inquiétante du nombre d'abeilles. Les fournisseurs prétendent que les produits commercialisés ne causent aucun dégât sur les essaims. C'est souvent faux. On ne traite pas un jardin en présence d'abeilles, et ce quelle que soit la saison.

**10 - Les écureuils peuvent-ils causer des dégâts ?**

Le charmant écureuil est sans conteste le rongeur le plus apprécié. Sa présence est sans conséquence sur l'environnement même s'il n'hésite pas à écorcer certains arbres. L'écureuil est un mammifère protégé.

**11 - Comment puis-je me débarrasser des chauves-souris qui vivent dans mon grenier ?**

Les chauves-souris sont des animaux protégés. Il est interdit de les détruire et de perturber leur habitat. Ce sont des petits mammifères très utiles qui se nourrissent de quantité d'insectes. Leur présence n'est en rien une gêne, excepté bien sûr pour les excréments qui salissent le grenier. Mais est-ce vraiment une gêne ?

**12 - Pourquoi les fourmis s'installent-elles dans les fleurs de certaines plantes ?**

Les fourmis se nourrissent de déchets végétaux et de tout ce qu'elles peuvent trouver. Elles apprécient aussi le suc produit par les fleurs. Mais les fourmis savent aussi tirer profit des autres animaux et en particulier des pucerons. Elles exploitent ces derniers et consomment le lait qu'ils produisent, un peu à la manière des agriculteurs qui élèvent des vaches. Les fourmis attirent les pucerons pour les exploiter. Les dégâts occasionnés par les fourmis ne justifient pas de traitement.

**13 - Est-il permis de capturer dans la nature des grenouilles pour les installer dans son jardin ?**

Pas de bassin sans grenouille. Il vous est permis de capturer les grenouilles pour les installer dans votre jardin. Attention néanmoins, la rainette est protégée. Il vous est interdit de l'attraper et d'en posséder chez vous, sauf bien sûr si elle est venue d'elle-même.

**14 - Comment éliminer les guêpes ?**

Les guêpes sont utiles. Elles massacrent certes nos poires et pommes mais consomment aussi quantité d'insectes et chenilles. Vouloir se défaire de ces bêtes est justifié quand le jardin est fréquenté par de jeunes enfants et seulement lorsque le risque est établi. La méthode la plus simple et la plus propre est de fabriquer soi-même le piège idéal. Coupez en deux une bouteille en plastique et introduisez la partie supérieure dans la partie inférieure le goulot vers le fond (façon entonnoir). Disposez dans la partie basse de la confiture. La guêpe pénétrera par le goulot et sera incapable de s'évader. Mais souvenez vous qu'une guêpe à un rôle important à jouer dans l'environnement et que cet insecte pique rarement sans raison.

**15 - Existe-t-il des insectes utiles ?**

Tous les insectes ont un rôle à jouer. L'insecte le plus apprécié est sans conteste l'abeille mais il en existe beaucoup de très utiles. Le carabe doré est un magnifique coléoptère aux reflets métallisés. Il dévore quantité de limaces. Hélas, les pesticides ne l'épargnent pas et cet insecte nommé avec raison « jardinière » disparaît peu à peu de nos jardins. Les pesticides n'épargnent pas non plus les cent soixante-dix autres espèces protégées qui pâtissent de l'emploi souvent injustifié des insecticides.

**16 - J'ai dans mon jardin un hérisson. Cet animal est-il utile ?**

De tous les hôtes du jardin, le hérisson est l'un des plus utiles. Il mange des limaces, des petits rongeurs et même des serpents. Il est donc obligatoire de veiller à ne pas leur porter préjudice. Au printemps, la tentation est forte de brûler les déchets végétaux. Ne le faites jamais sans avoir vérifié si vos branchages n'hébergent pas une famille de hérissons.

**17 - Existe-t-il une astuce pour attirer les hérissons ?**

À défaut d'attirer les hérissons, il est possible de les chouchouter et de leur donner ainsi l'envie de rester dans votre jardin. Laissez en permanence une écuelle remplie d'eau. Attention, jamais de lait car ce dernier provoque chez l'animal des complications gastriques. Dès l'automne, servez-leur une pâtée pour chats, ils adorent. Mais ne faites ce geste que de temps à autre. Un hérisson est un animal sauvage qui doit conserver l'instinct de la chasse pour survivre. Et prenez soin de rendre inaccessibles les pièces d'eau. Les noyades de hérissons sont fréquentes. Et surtout, si un hérisson a élu domicile en hiver sous un tas de branches ou dans votre réserve de bois, n'y touchez pas.

**18 - J'ai le bonheur d'avoir au-dessus de ma porte un nid d'hirondelles. Que puis-je donner à manger aux oisillons ?**

Les hirondelles sont des oiseaux protégés. Il convient de tout faire pour leur permettre de nicher. Mais vouloir les aider ne doit pas se faire de n'importe quelle façon. L'alimentation des oisillons est exclusivement réservée aux hirondelles adultes. Toucher un nid peut provoquer son abandon par les parents. Les hirondelles n'ont besoin de personne pour s'alimenter.

**19 - Existe-t-il une méthode pour éloigner les lapins ?**

Les répulsifs sont de peu d'intérêt et leurs effets sont limités dans le temps. Les grillages sont efficaces mais doivent être régulièrement contrôlés. Il paraît que les cheveux humains font fuir les lapins. Demandez à votre coiffeur quelques poignées et tentez l'expérience.

**20 - Le lérot se nourrit-il exclusivement de fruits ?**

Le lérot est un charmant rongeur qui se délecte des fruits du jardin. Mais il apprécie aussi les araignées, escargots, insectes de toute espèce, vers de terre et même oiseaux. Mais lui-même est une proie pour les rapaces, les serpents ou encore les renards. Il a sa place dans le jardin, d'autant que les populations sont rarement importantes et les dégâts supportables.

**21 - Comment me débarrasser des limaces sans tuer les escargots ?**

Les produits qui tuent les limaces tuent les escargots. Le ramassage à la main reste la méthode la plus simple et la plus économique. Entourer les plantations d'aiguilles de pins ou de cendres empêcherait les gastéropodes d'approcher. Il vous est également possible d'utiliser une soucoupe remplie de bière et recouverte d'une tuile. Vous retrouverez le lendemain matin les limaces endormies sous la tuile. Étonnant mais très efficace.

**22 - Je suis envahi de mulots. Existe-t-il une méthode naturelle pour les éloigner ?**

Les mulots prolifèrent dans les terrains encombrés aux herbes hautes. Ces petits animaux aiment la discrétion lorsqu'ils se déplacent. Nettoyez votre jardin, tondez plus court votre prairie et même s'ils ne disparaîtront pas totalement, ils seront moins nombreux.

**23 - Mon terrain est envahi de rats taupiers. Quelles sont les méthodes pour m'en débarrasser ?**

Le rat taupier est un animal d'environ 20 cm qui, comme son nom l'indique, vit sous terre. Ce campagnol terrestre provoque des dégâts importants sur les racines. Seuls les appâts empoisonnés peuvent en venir à bout mais les produits efficaces sont dangereux et ne peuvent être délivrés qu'avec une autorisation préfectorale.

**24 - J'ai découvert un nid à même la terre. Quel est l'oiseau qui niche ainsi ?**

Il doit s'agir du rouge-gorge, l'ami des jardiniers. C'est la femelle qui construit le nid et qui élève deux couvées à la suite. Le rouge-gorge se nourrit de petits insectes et de vers. Il devient malheureusement rare dans les jardins urbains.

**25 - Je suis souvent embêtée par des bestioles qui ressemblent à des guêpes et qui font du sur-place. Comment s'en débarrasser ?**

On ne se débarrasse pas des syrphes. Ces insectes qui ressemblent effectivement aux guêpes sont très utiles. Leurs larves se délectent des pucerons et peuvent en consommer jusqu'à six cents par jour. De plus, ces insectes ne sont pas agressifs pour l'homme et n'endommagent pas vos cultures.

**26 - J'ai trouvé des orvets dans mon potager. Est-ce qu'ils sont utiles ?**

Tous les animaux sont utiles même s'ils nous causent quelques désagréments. Les orvets mangent les araignées, vers et limaces. Ces animaux sont protégés à juste titre.

**27 - Je suis envahi de taupes. Comment puis-je les éliminer ?**

Seul le piégeage est efficace. Les pétards et le gaz nuisent à l'ensemble des animaux. Les pièges à ultrasons les éloignent quelque temps mais ne les empêchent pas de revenir. Les appâts empoisonnés font courir aux animaux domestiques des risques importants.

Des jardiniers prétendent que la plantation des euphorbes ou de l'ail les éloigne. À vérifier.

**28 - Peut-on limiter la présence des taupes dans un jardin ?**

Les taupes sont des petits mammifères insectivores. L'arrosage des jardins et en particulier des pelouses humidifie la terre et favorise la présence de nombreux vers de terre. Et les lombrics attirent les taupes qui désertent alors les terres sèches et pauvres en nourriture. Pour limiter la venue des taupes, on n'arrose que ce qu'il est nécessaire de mouiller et l'on n'installe pas d'arrosage intégré quand la propriété est voisine d'un champ.

**29 - J'ai constaté que les taupes sont plus nombreuses lorsqu'il fait froid. Est-ce exact ?**

La taupe se nourrit de vers. Lorsque la terre gèle, les vers s'enfoncent profondément pour ne pas être pris dans la glace. Pour s'en délecter, les taupes doivent descendre davantage en profondeur, remuent plus de terre et donnent l'impression d'être plus nombreuses.

**30 - Est-il exact que les épines de rosiers ou du fil de fer barbelé permettent de supprimer les taupes ?**

Il se dit depuis longtemps que la taupe est hémophile. C'est faux et disposer épines, fil de fer ou morceaux de verre est sans effet. La taupe est aveugle mais pas sotte. Elle contournera l'obstacle.

**31 - Que faire pour éviter que les pics-verts ne viennent endommager le tronc de mes arbres ?**

Ces oiseaux recherchent les vers. Ils trouvent les arbres malades et attaquent le tronc pour consommer les larves xylophages. Il n'y a rien à faire pour les éloigner et s'ils accentuent les dégâts, ils n'en sont pas à l'origine.

**32 - Comment s'appellent les insectes qui ressemblent à s'y méprendre à des branches de végétaux ?**

Ces insectes curieux et très à la mode aujourd'hui sont les phasmes. Ce sont des insectes qui se camouflent en prenant la forme et la couleur de la plante qu'ils colonisent. Très prudents et malgré un camouflage sophistiqué, ils vivent la nuit pour échapper aux prédateurs.

**33 - Existe-t-il une technique pour éloigner les abeilles ?**

Pour limiter ces insectes désagréables pendant les repas mais utiles à l'environnement, il convient de planter à l'extrémité du jardin des plantes fleuries telles que les lavandes. Leur couleur bleue les attire.

**34 - J'ai acheté dans le Sud-Ouest une propriété en bordure d'une rivière. Je constate que des peupliers sont cassés à une vingtaine de centimètres du sol. Il semblerait qu'un animal en soit la cause. Ce n'est tout de même pas un castor ?**

Ce n'est pas un castor mais vous n'en êtes pas loin. Certaines régions abritent d'importantes colonies de ragondins. Ce n'est pas pour rien qu'ils sont aussi baptisés myocastors. Ces mammifères creusent des galeries le long des berges et s'attaquent aux jeunes arbres. Ils les coupent avec leurs puissantes incisives pour confectionner un nid douillet avec le feuillage.

**35 - Mon jardin est envahi de vers de terre. Faut-il les éliminer ?**

Surtout pas. Les vers de terre sont très utiles. Ils aèrent la terre et facilitent l'écoulement des eaux de pluie. Ils sont très nombreux. Le poids total des vers de terre sur terre est égal au poids de tous les êtres vivants au monde. Leur présence favorise malheureusement la venue des taupes qui s'en délectent.

**36 - Existe-t-il une méthode pour éloigner chevreuils et autres cervidés ?**

Il est difficile de tenir à distance les chevreuils. Les clôtures sont peu efficaces et les pochons en plastique ne protègent que les jeunes plantations. Il paraît que disposer des bas de femme usagés les éloigne. Cette pratique curieuse serait, aux yeux de ceux qui l'utilisent, très efficace. Pourquoi pas ?

**37 - Pourquoi les vers luisants diffusent-ils de la lumière la nuit ?**

Le ver luisant femelle éclaire son abdomen d'une lumière verte et envoie des signaux aux mâles appartenant à la même espèce. Cet éclairage leur indique la route à suivre et les encourage à se reproduire. Les vers luisants ont fait notre joie quand nous étions enfants mais les pesticides provoquent des hécatombes et leur avenir est compromis si rien n'est fait rapidement pour les préserver.

**38 - Que mangent les vers luisants ?**

Les vers luisants adorent les escargots. Ils injectent dans le corps du gastéropode un puissant venin qui les endort. Il ne leur reste plus qu'à consommer leur proie tranquillement. Les vers luisants sont des insectes utiles et il est indispensable de ne pas traiter un jardin quand il en abrite.

**39 - Que faire pour éloigner les vipères de mon jardin ?**

Les vipères sont des reptiles discrets qui détestent être dérangés. Il est rare qu'elles s'installent dans une propriété fréquentée. Pour éviter de rencontrer ces animaux peu aimés malgré leur grande utilité, ne laissez pas en tas les herbes coupées, évitez de planter des graminées en touffes dans les régions ensoleillées du Sud de la France et ne constituez pas de tas de compost dans les lieux qu'elles affectionnent.

**40 - Mon jardin est souvent visité par les chats du voisinage. On m'a dit qu'une plante les attirait. Laquelle ?**

Le *Nepeta cataria* a la réputation d'attirer les chats. Elle est d'ailleurs surnommée « herbe à chats ». Beaucoup de professionnels prétendent le contraire tandis qu'un grand nombre de particuliers exhibent avec fierté une photo d'un nepeta et du chat de la maison s'y frottant.

Votre jardin possède une particularité qui les attire. À vous de trouver la cause de ce rassemblement de félins. Pas simple.

**41 - Existe-t-il une méthode propre et simple à mettre en œuvre pour limiter la prolifération des insectes ?**

Pour limiter la prolifération des insectes, il est bon de mettre en œuvre tout ce qui attire leurs prédateurs. Installez dans les arbres des nichoirs à oiseaux. Un modeste moineau consomme chaque jour des centaines de pucerons. Prenez soin des hérissons et n'épandez aucun pesticide. Beaucoup d'insectes se nourrissent d'autres insectes.

# Index

Cet index vous permet d'entrer dans l'ouvrage avec des mots-clés qui renvoient aux chapitres avec le chiffre en couleur, suivi en noir du chiffre de la question/réponse.

1 **Les plantes d'intérieur**
2 **Les plantes en pot ou en bac**
3 **Le sol et les mauvaises herbes**
4 **La pelouse**
5 **Le potager**
6 **Les rosiers**
7 **Les plantes du jardin**
8 **Les arbustes, arbres feuillus et conifères**
9 **Les arbres fruitiers**
10 **L'eau**
11 **Les plantes aquatiques**
12 **Les plantes grimpantes**
13 **Les hôtes du jardin**

# C

## Crédits photographiques

Toutes les photographies sont d'Alain Baraton
à l'exception de p.73, p.148, p.151 : D.R.
et p.135 : © J.-M. Lespinasse

Ouvrage réalisé par le Studio graphique des Éditions du Rouergue
Achevé d'imprimer en octobre 2006
sur les presses de AGG-Printing-Stars

Dépôt légal : novembre 2006
ISBN 10 : 2-8415-6796-6
ISBN 13 : 978-2-8415-6796-6